Escatología Victoriosa
Una Perspectiva Preterista Parcial
Segunda Edición

Harold R. Eberle
y
Martin Trench

Worldcast Publishing
Yakima, Washington, EE.UU.

Escatología Victoriosa
Una Perspectiva Preterista Parcial

Segunda Edición, Revisada Enero de 2008
por Harold R. Eberle y Martin Trench
Publicado en Inglés bajo título "Victorious Eschatology"
© 2006 by Harold R. Eberle
Edición Española, Junio de 2014

Worldcast Publishing
P.O. Box 10653
Yakima, WA 98909-1653 USA
(509) 248-5837
http://www.worldcastpublishing.com
office@worldcastpublishing.com

ISBN 978-1-882523-44-3
Traducido por Elisa Cooper y Anna Urrutia

A menos que se indique lo contrario, las citas bíblicas son tomadas de *La Biblia de las Américas* © Copyright 1986, 1995, 1997 por The Lockman Foundation en La Habra, California 90631, EE.UU. Usadas con permiso.

Pedidos para traducciones en otros idiomas se dirigirán a Worldcast Publishing. Impreso en EE.UU.

Comentarios de Otros

¡Cuando leí por primera vez *Escatología Victoriosa,* un foco se prendió en la parte oscura de mi cerebro! Desde que me hice un firme defensor de la Teología del Dominio, me he dado cuenta que mi previa escatología de la *Biblia Scofield* ya no satisfacía. Sin embargo, mientras sabía lo que yo no era, no sabía de seguro lo que yo era, hasta que se presentaron Harold Eberle y Martin Trench. ¡Hace mucho tiempo que encuentro y leo un libro tan importante como éste!

C. Peter Wagner
Apóstol Presidente, La Coalición Internacional
de Apóstoles

No me puedo imaginar amaneciendo cada mañana con una actitud de derrota sobre la vida. Tampoco puedo imaginarme sirviendo a un Dios que no puede vencer la maldad, que simplemente arrebata unas cuantas almas pobres. El libro nuevo de Harold Eberle y Martin Trench, *Escatología Victoriosa,* nos da un entendimiento claro de qué esperar como reyes del Rey.

Don Atkins
Presidente, Kingdomquest International Ministries

Necesitamos una reforma en el área de la escatología, y yo creo que el libro nuevo de Harold Eberle y Martin Trench es un paso en esa dirección. Da una comprensión clara del discurso en el Monte de los Olivos y corrige enseñanzas presentes que han tomado las palabras de Jesús fuera de contexto. *Escatología Victoriosa* ayudará a cambiar tu paradigma concerniente a los últimos tiempos, y lo recomiendo encarecidamente como un libro fundamental en la presente reforma.

John J. Eckhardt
Apóstol Presidente, IMPACT Network

Créditos y Dedicatoria

Hemos sacado ideas de las obras de numerosos autores, y sus nombres y trabajos se mencionan en la bibliografía de este libro. Ellos han hecho investigaciones de las cuales hemos beneficiado y esperamos que también al lector le bendigan.

Los pastores Mike y Ruth Lightfoot merecen un agradecimiento especial por sus contribuciones informativas y por su ánimo. El Pastor Ted Hanson es pionero en el pensamiento cristiano y ha sido inspiración constante. Herb Frizzel es erudito en el tema de la escatología, y aparte de agregar unos comentarios a este libro, él ha escrito su propio libro el cual recomendamos a quienquiera que desea estudios más profundos. También damos gracias a los miles de Cristianos que recibieron nuestras enseñanzas tocante a estas verdades mientras todavía estudiábamos y nos formábamos una comprensión de la Iglesia sobresaliendo en victoria y poder para el día de Jesucristo.

James Bryson es nuestro editor mas crítico y duro. Lori Peckham es experta y buen recurso para nuestro equipo. Tristan Kohl, nuestro editor final, es brillante y sobresaliente en encotrar errores que nadie más pudiera ver. Harold Eberle no puede publicar ningún libro hasta que su esposa, Linda Eberle le dé su sello de aprobación.

Gracias a todos Ustedes.

Dedicamos este libro a Annette Bradley, quien ha servido por muchos años editando nuestros libros y los de muchos autores Cristianos. Si el cielo verdaderamente es la gloria para ella, ella está editando libros para los santos que están en la eternidad con el Señor.

Tabla de Contenidos

Prefacio

Lea este libro con la ayuda del Espíritu Santo. No te acerques con filtros religiosos o denominacionales sino permite que el Espíritu Santo te testifique la verdad. Lo que Harold Eberle y Martin Trench han escrito aquí te causará un cambio en tu pensar tocante a la escatología o los eventos del Apocalipsis. Necesitamos un cambio que mueva la Iglesia de la mentalidad del rapto a una teología de cosecha. Debemos quitarnos nuestos trapos de luto y ponernos vestido de novia como Novia de Cristo. Somos la Novia de Cristo y El Señor viene por Su Novia, pero Él viene por una Novia victoriosa que llevará a cabo el reino de Dios en la tierra cumpliendo con la voluntad del Padre.

Los cristianos que se enfocan en la cosecha no tienen mucho tiempo para preocuparse por el rapto. La meta de ellos es traer al reino todas las personas que les sea posible en preparación para la boda. Una escatología victoriosa pondrá la obra de la cosecha adelante del pensamiento del rapto.

No somos la Iglesia derrotada, corriendo a salir por la puerta de atras mientras el diablo patea la del frente. Somos la Iglesia de Lucas 10:19, la cual tiene autoridad sobre todo poder del enemigo.

Cal Pierce
Director, Sala de Sanidad Ministerios Internacionales

Introducción

La Escatología se refiere al estudio del fin de los siglos. El punto de vista escatológico presentado en este libro revela que el Reino de Dios crecerá y avanzará hasta que llene la tierra. La Iglesia se levantará en unidad, madurez y gloria antes de la venida de Jesús. Te presentaremos una escatología victoriosa.

La mayoría de los grandes líderes a través de la historia de la Iglesia antes del siglo XX mantuvieron a una escatología victoriosa.

Sin embargo, durante el siglo veinte, los cristianos se han vuelto más y más escépticos y pesimistas sobre el futuro. Durante la Primera Guerra Mundial, los cristianos en Europa empezaron a abrazar un punto de vista negativo sobre el mundo. La gente en Norte América siguieron esta misma línea durante La Gran Depresión, la Segunda Guerra Mundial y la guerra de Vietnam. Mientras el mundo fue lanzado cara a cara con retos y la maldad de la humanidad, la gente abrazó un punto de vista pesimista sobre el futuro.

Fue durante esos tiempos difíciles que muchos cristianos abrazaron una escatología pesimista. Llegaron a creer que el mundo gradualmente estaba cayendo bajo la influencia de líderes malvados y que tarde o temprano Satanás tomaría el control de los sistemas económicos y religiosos del mundo. Los predicadores que abrazaron este punto de vista pesimista empezaron a enseñar que la figura del anticristo pronto se levantaría en prominencia y luego engañaría a la humanidad. Además, enseñaron sobre la gran tribulación en la cual Dios soltaría su furor, su juicio y destrucción de la tierra.

El punto de vista pesimista no entró al cristianismo en una forma significativa hasta la publicación de la *Biblia de referencia Scofield* (1909), la cual propuso en el pie de página un escenario muy negativo sobre los eventos futuros del fin del tiempo. Desde entonces, cientos de libros infundieron temor de los últimos tiempos han sido promovidos por el cristianismo. Los más leídos y conocidos forman la serie de *Left Behind* (Dejados Atrás), escrito por Tim LaHaye y Jerry B. Jenkins. Estos libros y las asociadas enseñanzas se han vuelto tan comúnmente aceptados en la Iglesia moderna que la escatología negativa se ha convertido en el punto de vista más popular. Sin embargo, es importante notar que este punto de vista ha sido popular en el cristianismo solo por los últimos sesenta años. Llegó al punto más alto de aceptación justo antes del cierre del último milenio, cuando los cristianos se fascinaron con la posibilidad del fin del mundo en el año dos mil.

Ahora que hemos cruzado al nuevo milenio, los cristianos están levantando la vista hacia el futuro. Muchos líderes están descubriendo que las Escrituras nos dan un punto de vista más optimista del cual antes creían. Están abrazando una escatología victoriosa que enseña que Cristo Jesús y su Iglesia tomarán control del mundo, y no Satanás.

La etiqueta teológica que se usa para referirse a la escatología victoriosa presentada en este libro es el punto de *vista preterista parcial*. En contraste, el punto de vista popular de hoy se llama el punto de *vista futurista*.

Estas etiquetas teológicas, el punto de vista preterista parcial y el punto de vista futurista, se refieren a cuando se cumplan las profecías en los libros de Mateo 24 y de Apocalipsis. La palabra "preterista" proviene del latín *praeteritus*, la cual significa "lo que ha sucedido o pasado". Así que, el punto de vista preterista parcial sostiene que algunas de las profecías de Mateo 24 y del libro de Apocalipsis ya se cumplieron. En contraste, el punto de vista futurista opina que casi todas las profecías de Mateo 24 y Apocalipsis están todavía por cumplirse.

	Nombre Teológico	Mateo 24 y Apocalipsis
Punto de Vista Victorioso	Preterista Parcial	Parte en el Pasado, Parte en el Futuro
Punto de Vista Popular	Futurista	Todo el Futuro

Esto es lo que le mostraremos en las páginas que siguen: En la sección 1, revisaremos las profecías registradas en Mateo 24. En la sección 2, discutiremos algunos temas claves para la consideración del punto de vista preterista parcial. En la sección 3 estudiaremos las profecías de los capítulos 2 y 9 del libro del profeta Daniel. En la sección 4, revisaremos el libro de Apocalipsis. Luego en las secciones 5, 6 y 7 presentaremos el punto de vista preterista parcial concerniente a los judíos, el anticristo y el rapto. Finalmente, en la sección 8, aclararemos lo que significa "fin de los tiempos".

Como pastores, nosotros (Harold Eberle y Martin Trench) antes creíamos y enseñábamos el punto de vista futurista. A pesar de que enseñábamos a nuestra congregación estas ideas mencionadas, los dos veíamos que existen muchas Escrituras que simplemente no caben en el escenario de eventos propuestos por los futuristas. Después de muchos años de estudio profundo, hemos llegado a creer que el punto de vista preterista parcial es más fiel a las Escrituras. Esto se lo mostraremos en las páginas siguientes.

Además de estudiar pasajes específicos de la Biblia, agregaremos varias citas de predicadores conocidos, maestros y reformadores que enseñan como los padres de la fe compartían una escatología victoriosa. No todos los líderes a través de la historia eclesiástica explicarían cada verso de la Biblia de la misma manera que nosotros lo haremos; sin embargo, el punto de vista fundamental de que la Iglesia se levantará en victoria y poder para el día de Cristo Jesús ha sido el punto de vista predominante por los últimos dos mil años.

Origen de Alejandría

Es evidente que... cada forma de adoración será destruída excepto la religión de Cristo, la cual prevalecerá sola. Y seguramente triunfará algún día, conforme sus principios toman posesión de las mentes de los hombres más y más cada día.

(*Origen Against Celsus*, 1660, 8:68)

John Wesley

Todas las personas sin prejuicio pueden ver con sus ojos, que él [Dios] ya está renovando la faz de la tierra: Y tenemos razones de peso para tener esperanza que el trabajo que él ha comenzado lo llevará hasta el día del Señor Jesús; que él nunca interrupirá esta obra bendecida de su Espíritu hasta que haya cumplido todas sus promesas, hasta que ponga fin al pecado y a la miseria, a la enfermedad y a la muerte; y haya restablecido la felicidad y santidad universal, y causado que todos los habitantes del mundo canten juntos "Aleluya".

(*The Works of John Wesley*, 1985, p. 499)

Jonathan Edwards

El reino visible de Satanás será derrocado, y el Reino de Cristo será puesto sobre sus ruinas en todas partes del mundo habitable.

(*The Works of Jonathan Edwards*, 1974, p. 488)

Charles Spurgeon

Yo mismo creo que el Rey Jesús reinará, y los ídolos serán totalmente abolidos; pero espero que el mismo poder que en un tiempo volteó el mundo, continuará haciéndolo. El Espíritu Santo nunca sufriría la imputación sobre su santo nombre que él no podía convertir al mundo.

(*The Life and Work of Charles Haddon Spurgeon*, 1992, 4:210)

Sección 1
Comprendiendo Mateo 24

En esta sección estudiaremos Mateo 24, un pasaje que se ha llegado a conocer como el "Discurso de los Olivos" porque Jesús dió esta enseñanza a sus discípulos mientras estaban reunidos en el Monte de los Olivos.

Comenzaremos en Mateo 24:3, donde los discípulos le hicieron a Jesús unas preguntas claves.

> *"Y estando él sentado en el monte de los Olivos, se le acercaron los discípulos en privado, diciendo: Dinos, ¿cuándo sucederá esto, y cuál será la señal de tu venida, y de la consumación de este siglo?"*

En los versículos que le siguen a éste, nuestro Señor dió respuestas que estaremos examinando. La manera en que comprendas sus respuestas, determinará lo que crees sobre el fin de los tiempos, la tribulación, el anticristo y el desenlace de todos los eventos futuros.

Introducción a Mateo 24

Cuando los discípulos le hicieron sus preguntas en Mateo 24:3, Jesús les contestó hablando de falsos profetas que se aseguraban ser Cristo, de guerras, temblores, hambre, persecuciones y gente alejándose de la fe. También habló de llevar el evangelio alrededor del mundo, seguida por la destrucción, la tribulación y la gente siendo raptada.

Los cristianos que creen en la perspectiva futurista estudian la respuesta de nuestro Señor y concluyen que todos los eventos apuntados van a suceder en el futuro, poco antes del fin del mundo.

Los preteristas parciales llegan a una conclusión muy diferente al estudiar Mateo 24. Vamos a escudriñar juntos Mateo 24, versículo por versículo para explicar, pero primero necesitamos identificar claramente las preguntas hechas a Jesús por sus discípulos.

"Y estando él sentado en el monte de los Olivos, se le acercaron los discípulos en privado, diciendo: Dinos, ¿cuándo sucederá esto, y cuál será la señal de tu venida, y de la consumación de este siglo?"

(Mateo 24:3)

Algunas traducciones (ej. Nueva Versión Internacional) terminan este versículo con "fin del mundo," porque la palabra aion, la cual es usada en el original griego, puede ser traducida como "siglo" o "mundo." Al usar el término "mundo" los maestros futuristas tienden a resumir las preguntas hechas por los discípulos como una investigación sobre la segunda venida de Jesús y el fin del mundo. Así que, cuando Jesús les respondió en los versículos siguientes, se cree que todos sus comentarios se tratan del breve periodo de tiempo llegando al fin del mundo.

Maestros preteristas parciales empiezan por notar que en Mateo 24:3, los discípulos le preguntan a Jesús no solo una

9

pregunta, sino tres.

Pregunta 1: *"¿Cuándo sucederá esto?"*
Pregunta 2: *"¿Cuál será la señal de tu venida?"*
Pregunta 3: *"¿Y de la consumación del siglo (mundo)?"*

El reconocer tres preguntas distintas cambia dramáticamente cómo entendemos las respuestas que Jesús da en los versículos siguientes. Veremos como nuestro Señor contesta la primera pregunta en Mateo 24:4-28. Luego contesta la segunda pregunta en Mateo 24:29-35. Finalmente, contesta la pregunta sobre el fin del siglo (o el fin del mundo) en Mateo 24:36-25:46.

Pregunta 1:
"¿Cuándo Sucederá Esto?"

La primera pregunta que los discípulos le hicieron a Jesús fue, ¿"Cuándo sucederá esto"? Antes de ver la respuesta de Jesús, necesitamos identificar qué son "estos eventos" de los cuales preguntaban los discípulos.

Los cristianos que han sido enseñados sobre la perspectiva futurista inmediatamente piensan que "estas cosas" se refieren a los eventos que sucederán antes de la segunda venida de Cristo y del fin del mundo. Nosotros llegaremos a un entendimiento muy distinto si leemos el contexto de este versículo bíblico.

Mateo 23 describe un día en que Jesús hablaba en el templo en Jerusalén. Primero, advierte a la multitud y a sus discípulos de cuidarse de los escribas y fariseos (vv. 2-12). Luego, comenzando en Mateo 23:13, Jesús voltea de sus discípulos y dirige sus palabras directamente a esos líderes religiosos. Podemos darnos cuenta del espíritu de su mensaje con una sola mirada a las primeras palabras de cada versículo que sigue. Anote la dureza de sus palabras:

Versículo 13:
"Pero, ¡ay de vosotros, escribas y fariseos, hipócritas!"

Versículo 14:
"¡Ay de vosotros, escribas y fariseos, hipócritas!"

Versículo 15:
"¡Ay de vosotros, escribas y fariseos, hipócritas!"

Versículo 16:
"¡Ay de vosotros, guías ciegos!"

Jesús estaba reprendiendo a los líderes religiosos ahí mismo en su templo. Vea los siguientes versículos y perciba la intensidad de su reprención:

11

Versículo 23:
"¡Ay de vosotros, escribas y fariseos, hipócritas!"

Versículo 24:
"Guías ciegos,"

Versículo 25:
"¡Ay de vosotros, escribas y fariseos, hipócritas!"

Versículo 26:
"¡Fariseo ciego!"

Versículo 27:
"¡Ay de vosotros, escribas y fariseos, hipócritas!"

Versículo 29:
"¡Ay de vosotros, escribas y fariseos, hipócritas!"

Jesús llegó a una cumbre en la cual declaró un juicio severo sobre esos líderes religiosos.

"¡Serpientes! Camada de víboras! ¿Cómo escaparéis de la condenación del juicio del infierno? Por tanto, mirad, yo os envío profetas y sabios y escribas; y de ellos, a unos mataréis y crucificaréis, y a otros los azotaréis en vuestras sinagogas, y los perseguiréis de ciudad en ciudad; para que recaiga sobre vosotros toda la sangre justa derramada sobre la tierra, desde la sangre del justo Abel hasta la sangre de Zacarías, hijo de Berequías, a quien asesinasteis entre el templo y el altar. En verdad os digo que todo esto vendrá sobre esta generación."

(Mt. 23:33-36)

En ese momento, no hubieras querido estar sentado junto a los escribas y fariseos.

Mientras Jesús declaraba el juicio venidero, se refería a toda la sangre justa, desde Abel a Zacarías. Esto es significativo ya que en la Biblia hebrea, Abel está en el primer libro y Zacarías está en el último libro. Así que, Jesús les estaba diciendo a los líderes religiosos ¡que la culpa de la sangre de los justos, desde el principio de su Libro Sagrado hasta el final estaría sobre ellos y su generación!

¡Juicio había sido declarado!

Normalmente, entendemos que una generación es de cuarenta años de duración (ej. Israel anduvo cuarenta años en el desierto hasta que pasó una generación). Entonces, si las palabras de Jesús se cumplieran en una forma literal, deberíamos esperar que cayera la sentencia sobre esos líderes religiosos que escuchaban sus palabras y sobre la gente que los rodeaban durante los próximos cuarenta años.

En Mateo 23, Jesús siguió hablando específicamente de como ocurriría este gran juicio. En los versículos 37 y 38, clamó:

> *"¡Jerusalén, Jerusalén, la que mata a los profetas, y apedrea a los que son enviados a ella! ¡Cuántas veces quise juntar a tus hijos, como la gallina junta sus pollitos debajo de las alas, y no quisiste! He aquí vuestra casa se os deja desierta."*

Jesús declaró estas palabras estando parado en el templo de Jerusalén. Clamó a los escribas y Fariseos, diciendo que la destrucción vendría sobre ellos, su ciudad y su templo.

John Chrysostom

Pues ahora un castigo ha sido asignado, uno que trae temor excesivo e implica el destrono de una ciudad entera.

(*The Gospel of Matthew,* Homilía 74.3)

El Juicio Cumplido en el 70 d. C.

¿Se cumplieron las palabras de Jesús? Pues, para ser así se tendrían que haber cumplido para el 70 d. C., porque Jesús hizo su declaración alrededor del 30 d. C. ¿Históricamente, sucedió algo? Sí, en el 70 d. C. Jerusalén fue destruída. Dentro de cuarenta años después de que Jesús declaró juicio, veinte mil soldados romanos, bajo el mando del General Tito, rodearon la ciudad y detuvieron todas las provisiones y comida por cuatro meses para que la gente muriera de hambre. Luego los soldados entraron a la ciudad y sin misericordia mataron a más de un millón de judíos. Los soldados incendiaron el templo y se llevaron otros 97,000 judíos cautivos.[*]

En ese tiempo la población judía fue diezmada. Históricamente se conoce poco sobre los judíos en los próximos sesenta años. No fue hasta en 130-135 d. C. que empezaron a volver a reunirse con fuerzas para intentar una última rebelión contra Roma. Después de tres años de batalla, los romanos pudieron destruir la rebelión matando 580,000 judíos y con esto Israel ni siquiera fue reconocida como una nación (hasta 1948). Fue también en ese tiempo que el comandante romano ordenó que el templo en Jerusalén fuera demolido con tanta totalidad que

---

[*]Flavius Josephus, *Josephus: The Complete Works.* Translated by William Whiston (Nashville, TN: Thomas Nelson Publishers, 1998). *The Wars of the Jews,* vi:ix:3.

cada piedra fuera llevada de ese lugar y que la tierra donde antes estuvo el templo fuera abrumada completamente. El templo fue destruido completamente, así como Jesús lo había dicho.*

Los historiadores tienen un buen número de documentos de ese periodo que nos dan información sobre la destrucción del templo y de Jerusalén. Sin embargo, la mayoría de nuestra información viene de Josefo, un historiador judío (no cristiano) quien fue empleado del Gobierno romano durante aquel tiempo y pudo observar y registrar lo que realmente sucedió. En cuanto a la guerra contra y la destrucción de Jerusalén, Josefo escribió muchas cosas, incluyendo lo siguiente:

> Cuando ellos (los soldados romanos) entraban a las casas para robarles, encontraban familias enteras muertas... que murieron por hambruna; entonces se entcontraban en horror por lo que veían, y salían sin tocar nada. Pero aún teniendo este compadecimiento por la destrucción de esta manera, no la tenían de la misma forma con los que aún vivían, sino ellos les espetaban a todo ser con quien se encontraban, y obstruyeron las mismas calles con sus cuerpos muertos, e hicieron correr sangre por toda la ciudad, a tal grado que el fuego de muchas de las casas fue apagado con la misma sangre de estos hombres.
> (*Las Guerras de Los Judios*, 1998:vi:viii:5)

Vale la pena leer los escritos completos de Josefo sobre la caída de Jerusalén. Lo más sorprendente de ellos es cuán claramente, a veces palabra por palabra, cumplen la profecía de Jesús en Mateo 23 y 24. Los escritos de Josefo se pueden

---

*El Muro Occidental de hoy (también llamado the Wailing Wall) en Jerusalén, nunca fue parte del templo que existió en los días de Jesús. Fue parte de la barranda que el rey Herodes construyó alrededor del templo.

encontrar en la mayoría de las librerías cristianas y se pueden acceder de manera gratuita en varios sitios del Internet.

Eusebio

Estas cosas sucedieron en el segundo año del reino de Vespasiano (70 d. C.), en concordancia exacta de la predicción profética de nuestro Señor y Salvador Cristo Jesús.

(*Historia Eclesiástica*, III:7)

John Wesley

Esto fue puntualmente cumplido: pues, después que fue quemado el templo, Tito, el general romano, dio orden que los mismos cimientos fuesen excavados; después que la tierra donde estuvo sentado el templo fue arada por Turnus Rufus... -esta generación de hombres ahora viviendo, no pasará hasta que todas estas cosas acontezcan- La expresión implica que una gran parte de esa generación pasaría, pero no la entera. Así fue; pues la ciudad y el templo fueron destruidos treinta y nueve o cuarenta años después.

(*The Works of John Wesley*, 1895)

El Contexto de Mateo 24

Discutiremos sobre la destrucción de Jerusalén y el templo más a fondo después, pero aquí estamos notando el contexto en el cual inicia Mateo 24. Sabemos que en los manuscritos griegos originales del Nuevo Testamento no hay separaciones de capítulos. Mateo 23 continúa fluidamente a Mateo 24 sin ninguna pausa. Mateo 24:1 sigue diciendo:

"Cuando Jesús salió del templo y se iba, se le acercaron sus discípulos para mostrarle los edificios del templo. Mas respondiendo él, les dijo: ¿Veis todo esto? En verdad os digo, que no quedará aquí piedra sobre piedra, que no sea derribada."

(Mateo 24:1-2)

Después de repetir que el templo sería destruido completamente, Jesús se retiró del templo junto con sus discípulos.

El próximo versículo empieza diciendo,

"Y estando él sentado en el monte de los Olivos . . ."

(Mateo 24:3)

¿Dónde está el monte de los Olivos? Es la colina justo fuera del Monte del Templo en Jerusalén. En cuanto Jesús se sentaba con sus discípulos, ellos miraban directamente al templo del cual acababan de salir.*

Ponte en el lugar de los discípulos. Si tú estuvieras sentado allí con Jesús, ¿qué habrías preguntado? En la mente de los discípulos estaba el juicio que Jesús acababa de declarar sobre

---

* Esto se confirma en Marcos 13, donde el discurso del Monte también se registra, pero allí nos dice específicamente en el versículo 3 que Jesús y los discípulos estaban de frente al templo cuando hicieron su primer pregunta.

Jerusalén y el templo. Entonces, preguntaron:

"Dinos, ¿cuándo sucederá todo esto?"

Ellos preguntaban, "¿Cuándo serán destruidos Jerusalén y el templo?"

Como mencionamos anteriormente, los maestros futuristas asumen que los discípulos estaban preguntando sobre el fin del mundo. Sin embargo, no es hasta la tercera pregunta que le preguntan a Jesús sobre el fin. El motivo en preguntar sobre el fin al mismo tiempo que preguntaron sobre la destrucción del templo fue porque en sus mentes judías, lo que Jesús acabó de predecir era tan cataclísmico que seguramente se preguntaban si esto sería el fin del mundo. Se escandalizaron al pensar en la destrucción del Templo Santo. ¿Cómo podría seguir la vida sin el templo? ¿Podría esto coincidir con el fin del mundo? Sino, ¿cuándo ocurriría?

Examinaremos la respuesta de nuestro Señor a la segunda y tercera pregunta más tarde. Aquí necesitamos darnos cuenta de la primera pregunta que los discípulos le hicieron a Jesús: "¿Cuándo serán estas cosas – Jerusalén y el templo – destruidos?"

Charles Spurgeon

Los discípulos preguntaron primero sobre el tiempo de la destrucción del templo...

(*El Evangelio del Reino*, 1974, p. 212)

Dentro de Una Generación

En cuanto continuamos en el estudio de las respuestas de nuestro Señor, mantén en tu mente su marco de tiempo. Jesús dijo que Jerusalén y el templo serían destruidos dentro de una generación. El repitió este marco de tiempo en Mateo 24:34, diciendo:

"En verdad os digo que no pasará esta generación hasta que todo esto suceda."

¿Podemos aceptar estas palabras de Jesús literalmente? ¡Sí!

Los maestros futuristas no ven todos estos eventos de los cuales profetizó Jesús en Mateo 24 sucediendo para el año 70 d. C. sino para dos mil años después, en nuestro futuro. Por lo cual, no pueden aceptar el marco de tiempo de esa generación de la cual Jesús declaró en dos pasajes separados (Mateo 23:36 y 24:34). Algunos maestros futuristas explicarán su posición redefiniendo la palabra "generación" para significar "raza," por lo tanto, pueden decir que la raza de los judíos no pasará antes del fin del mundo. Otros afirman que la generación de la cual hablaba Jesús era la generación que vería todos los eventos del fin del tiempo enlistados en Mateo 24:4 al 33 – aquella generación no pasará hasta el regreso de Jesús.

Nosotros creemos que Jesús sabía exactamente de lo que hablaba. Todo lo que es profetizado entre Mateo 23:36 y Mateo 24:34 sucedió exactamente como Jesús lo declaró, durante la generación que estaba viva cuando Jesús declaró esas palabras. Esto es lo que les mostraremos en las siguientes páginas.

Origen de Alejandría

Yo desafío a cualquiera que compruebe como falsa mi declaración si digo que la nación entera de judíos fue destruida en menos de una generación entera después, por el sufrimiento que le causaron a Jesús. Fueron, creo yo, que fueron cuarenta y dos años entre el tiempo que crucificaron a Jesús a la destrucción de Jerusalén.

(*Origen Against Celsus*, IV:XXII)

Jesús Contesta la Primera Pregunta

Jesús da su respuesta a la primera pregunta en Mateo 24:4 a 28. No hemos escogido al azar estos versículos como los versículos en que Jesús contesta la primera pregunta de sus discípulos. Mientras procedamos, te enseñaremos los rompimientos claros dados en el contexto de Mateo 24. Además examinaremos Lucas 21 y Marcos 13, los cuales también registran el Discurso del Olivo, pero no dejan duda que la primera pregunta está siendo contestada en estos versículos. Ahora examinemos versículo por versículo la respuesta de nuestro Señor a la pregunta sobre cuándo sería la destrucción de Jerusalén y el templo.

Mateo 24:4-5 Muchos Afirmando ser Cristo

"Mirad que nadie os engañe. Porque muchos vendrán en mi nombre, diciendo: 'Yo soy el Cristo' y engañarán a muchos."

Los cristianos que solamente han oído el punto de vista

futurista inmediatamente ponen estas palabras de Jesús en el futuro, poco antes del fin del mundo. Ellos buscan un líder malvado o varios líderes que empiecen a declarar que ellos son el Cristo.

Este es el primer error que debemos corregir. Jesús estaba contestando la pregunta sobre cuándo Jerusalén y el templo serían destruidos. Ese evento sucedió en el 70 d. C., dentro de cuarenta años del tiempo en que Jesús lo profetizó. Jesús les dijo a sus discípulos que pronto muchos empezarían a afirmar ser el Cristo. Para que las palabras de Jesús fueran cumplidas, esos impostores tuvieron que haber venido en el primer siglo.

Históricamente, ¿ésto sucedió? Sí. Justo después de la muerte de Jesús, muchos líderes se levantaron cautivando los corazones de los judíos. Esto puede ser difícil de comprender para nosotros hoy, pero necesitamos tener en mente la cultura de esos días. Los judíos estaban buscando desesperadamente un Mesías – alguien que los librara del dominio romano - Su esperanza y mucho de su sistema religioso fueron basados en la venida de un Mesías. Cuando Jesús murió, muchos de sus seguidores dejaron de creer que él era el Mesías. Otros líderes rápidamente se levantaron, atrayendo cantidades grandes de seguidores.

John Wesley

Y, verdaderamente, nunca se habían aparecido tantos impostores en el mundo como unos años antes de la destrucción de Jerusalén, sin duda porque ese fue el tiempo cuando los judíos en general esperaban al Mesías.

(*Explanatory Notes Upon the New Testament.* Dec. 1, 07, http://www.preteristarchive.com/ StudyArchive/w/wesley-john_methodist_html)

Eusebio

Después de que el Señor fue llevado al cielo, los demonios pusieron varios hombres quienes declaraban ser dioses.

(*The History of the Church*, 1965, II:13)

Beda el Venerable

Pues, muchos mientras la destrucción colgaba sobre Jerusalén, decían ser Cristos.

(Citado en *Thomas Aquinas' Golden Chain*, 1956)

Charles Spurgeon

Un gran número de impostores salieron antes de la destrucción de Jerusalén, diciendo que eran los ungidos de Dios....

(*The Gospel of the Kingdom*, 1974, p. 213)

Mateo 24:6-7: Guerras y Rumores de Guerras

"Y habréis de oír de guerras y rumores de guerras; Cuidado! No os alarméis, porque es necesario que todo esto suceda; pero todavía no es el fin. Porque se levantará nación contra nación, y reino contra reino."

Hace aproximadamente dos mil años, cuando Jesús estaba sentado en el Monte de los Olivos, profetizó sobre guerras venideras. Interesantemente, no había señales de *"guerras o rumores de guerras"* cuando Jesús profetizó esto. El poder de Roma parecía estar estable, fuerte, irresistible y permanente. Históricamente, ese periodo fue referido como Pax Romana, esto es, *"Paz Romana."* Claro, los enemigos de Roma no habrían hablado tan bien, pero Roma definitivamente estaba establecida en esa región del mundo. Este fue el tiempo en que Jesús profetizó sobre guerras venideras.

¿Se cumplió la profecía de Jesús en esa generación? Verdaderamente, guerras comenzaron a surgir en todo el imperio. Los judíos vivían en temor constante, con cincuenta mil judíos siendo matados en Seleucia y veinte mil en Cesarea. Luego en el año 66 d. C., cincuenta mil judíos fueron matados en Alejandría. Durante un periodo de dieciocho meses, cuatro emperadores en Roma fueron violentamente asesinados. La guerra civil se dio en la ciudad de Roma. Fue un tiempo de gran confusión, y hubo rumores constantes de nuevas rebeliones.*

Mateo 24:7: Hambruna

"y en diferentes lugares habrá hambre"

¿Hubo hambruna en la generación de los discípulos? En Hechos 11 nos habla de la "gran hambruna."

"Y levantándose uno de ellos, llamado Agabo, daba a entender por el Espíritu, que ciertamente habría una gran hambre en toda la tierra. Y esto ocurrió en reinado de Claudio."

(Hechos 11:28; subrayado agregado)

---

*Flavius Josephus, *Josephus: The War of the Jews,* 1998, ii:xviii.

Esa hambruna fue tan severa en esa región de Judá que leemos en dos lugares del Nuevo Testamento que los cristianos tomaban ofrendas para colectar dinero para los creyentes sufriendo allí (Hechos 11:29-30; I Cor. 16:1-3).

El historiador Josefo escribió sobre la devastación de ese periodo:

> Pero la hambruna fue demasiado difícil para otras pasiones, y es destructivo a nada como la modestia... en cuanto que los niños le quitaban el mismo bocado de la boca que sus padres estaban comiendo, y lo que aún daba más pena era que las madres hacían lo mismo con sus bebés; y cuando esos que eran más queridos estaban muriéndose, no les daba pena quitarles hasta la última gota que los mantenía vivos... pero lo insidioso en todas partes llego inmediatamente y les quitaba lo que habían obtenido de otros; por cuanto veían cualquier casa cerrada, esta era señal para ellos que la gente de adentro había obtenido comida; por lo cual rompían las puertas, y corrían y tomaban pedazos de lo que comían, casi de sus mismas gargantas, y esto por la fuerza; los hombres viejos que rápidamente guardaban su comida, eran golpeados; y si las mujeres escondían lo que tenían en las manos, su cabello era arrancado por hacerlo; no había compadecimiento ni para el anciano, ni para el infante, sino que tomaban los niños del piso mientras se agarraban del bocado que tenían y los sacudían en el piso.
>
> (*Las Guerras de Los Judios*, 1998: v:x3)

Sabiendo de esta hambruna y la destrucción que seguía de Jerusalén, Jesús les dijo a las mujeres de Jerusalén:

"Pero Jesús, volviéndose a ellas, dijo: Hijas de Jerusalén, no lloréis por mí; llorad más bien por vosotras mismas y por vuestros hijos. Porque he aquí, vienen días en que dirán: "Dichosas las estériles, y los vientres que nunca concibieron, y los senos que nunca criaron."

(Lucas 23:28-29)

Eusebio

En su tiempo (Claudio) la hambruna descendió por todo el mundo, un hecho que escritores con puntos de vista diferentes al nuestro han registrado en sus historias.

(*The History of the Church*, 1965, II:8)

Mateo 24:7 Terremotos

"habrá terremotos... en diferentes lugares."

No solamente se estremeció la tierra cuando Jesús murió en la cruz (Mateo 27:51-52) y otra vez cuando resucitó de la muerte (Mateo 28:2), sino que la historia nos dice que justo unos años antes de la caída de Jerusalén en el 70 d. C. fue una temporada de actividad sísmica alta e inusual. El terremoto más famoso fue la destrucción de Pompeya en el año 63 d. C. Los escritores del periodo también nos dicen sobre los terremotos en Creta, Esmirna, Mileto, Chíos, Samos, Laodicea, Hierápolis, Campania, Colosas, Roma y Judá.*

Mateo 24:8 : Dolores de Parto

"Y todo esto será principio de dolores."

Es común hoy para la gente entrenada en el punto de vista futurista ver los desastres naturales de hoy día y declarar que son señales del eminente regreso de Jesús, sin embargo, esto no es lo que dijo Jesús. Él fue muy claro en decir que estas señales sucederían dentro de esa generación; además, que no serían señales del fin del mundo, sino solo *"principio de dolores."** Estos dolores precederían a la destrucción de Jerusalén y del templo.

John Chrysostom

El habla del preludio a las aflicciones de los judíos. "Todo esto será principio de dolores," esto es, de las aflicciones que les sobrevendrían.

(*The Ancient Christian Commentary*, 2002, Ib: p. 190)

Mateo 24:9 : Persecución

"Entonces os entregarán a tribulación, y os matarán, y seréis odiados de todas las naciones por causa de mi nombre."

La primera persecución fue provocada por los líderes religiosos judíos. Saulo fue de los líderes que supervisaban a los hombres que mataban a los cristianos. El libro de Hechos

---

*J. Marcellus Kik, *An Eschatology of Victory*, (Phillipsburg, New Jersey: Presbyterian and Reformed Publishing Co., 1971), p.93; David Currie, *Rapture*, (Manchester, NH: Sophis Institute Press, 2033), p. 159.

describe esa persecución, diciendo:

"En aquel día se desató una gran persecución en contra de la iglesia en Jerusalén, y todos fueron esparcidos por las regiones de Judea y Samaria, excepto los apóstoles."
(Hechos 8:1)

La *"Gran Persecución"* continuó esparciéndose, y pronto oficiales del Gobierno como el Rey Herodes se involucraron. (Hechos 12:1).

La persecución se volvió aún más intensa en el año 64 d. C. Ese fue el año cuando más de la tercia parte de la ciudad de Roma se quemó. La significación de aquel acontecimiento es difícil de comprender para la gente moderna. Si lo comparamos a la reciente destrucción de las Torres Gemelas en la Ciudad de Nueva York, tendríamos que decir que el incendio en Roma fue mucho más devastador.

Roma era considerada como el centro del mundo civilizado, y más de un tercio de la cuidad fue destruida. Nerón, quien fue el emperador en ese tiempo, culpó a los cristianos por el incendio horrible, y luego empezó lo que los historiadores de la iglesia llaman "La Gran Persecución." El historiador, Tacitus (c. 55-120 d. C.), escribió como miles de cristianos fueron torturados, siendo cubiertos de pieles de animal y luego hechos pedazos a muerte por perros, o siendo clavados en cruces, o siendo cubiertos en chapopote y luego prendidos en fuego para iluminar los jardines de Nerón mientras atendía a sus invitados en las noches.*

---

*Cornelius Tacitus, *The Annals of Imperial Rome* (New York: Penguin Books, 1989), XV. p. 44.

Mateo 24:10-13 : Apostasía y Falsos Profetas

"Muchos tropezarán entonces y caerán, y se traicionarán unos a otros, y unos a otros se odiarán. Y se levantarán muchos falsos profetas, y a muchos engañarán. Y debido al aumento de la iniquidad, el amor de muchos se enfriará. Pero el que persevere hasta el fin, ése será salvo."

Pronto después de la muerte de nuestro Señor, los falsos profetas empezaron a aparecer en la escena. Varias veces Pablo advirtió a sus seguidores sobre tener cuidado de los falsos profetas. Juan explicó que durante su vida *"muchos falsos profetas han salido por el mundo"* (I Juan 4:1). De la misma manera, Pedro advirtió, *"Pero hubo también falsos profetas entre el pueblo, como habrá entre vosotros falsos maestros, que introducirán encubiertamente herejías destructoras"* (2 Pedro 2:1).

El primer grupo principal fue el de los judaizantes, quienes enseñaron que los gentiles tenían que convertirse en prosélitos judíos y seguir la ley de Moisés así como también tener fe en Cristo.

Luego vinieron los nósticos. Para el año 150 d. C., más o menos un tercio de todos los cristianos estaban involucrados en el gnosticismo. Para comprender la influencia de esta herejía, imagínate cómo sería hoy si un tercio de todos los cristianos en tu comunidad fuesen llevados por una cierta enseñanza herética. Esto es exactamente lo que sucedió durante los tempranos días cuando la iglesia estaba luchando por sobrevivir.

Como nuestro entendimiento del gnosticismo es clave para comprender los problemas de la Iglesia del primer y segundo siglo, lo estudiaremos más a fondo en la sección 6.

Mateo 24:14 : Predicando el Evangelio

¿Qué de Mateo 24:14?

"Y este evangelio del reino se predicará en todo el mundo como testimonio a todas las naciones, y entonces vendrá el fin."

Si has sido entrenado en el punto de vista futurista, tú sabes que este versículo es citado muy seguido para alentar a los cristianos para ayudar a que el evangelio sea llevado al mundo para que Jesucristo pueda regresar.

Déjanos enseñarte otra forma de entender esta Escritura. Jesús dijo que todos los eventos de los cuales habló pasarían en esa generación. Si vamos a creer en las palabras de Jesús literalmente, entonces tenemos que buscar para ver cómo la promesa de este versículo se pudo cumplir en el primer siglo.

Cualquier estudio serio de las Escrituras debe aplicar los principios fundamentales del estudio de la Biblia, siendo que otros versículos de la Biblia que hablan del mismo tema deben ser leídos antes de hacer cualquier conclusión sobre lo que pueda significar un versículo específico. De esta manera, permitimos que la Biblia se interprete sola, con menos malentendidos por nuestros propios prejuicios e influencias culturales.

Por ejemplo, para que entendamos Mateo 24:14, sería de gran ayuda averiguar si hay otros pasajes bíblicos que hablen sobre la predicación del evangelio a todo el mundo. Si haces esto en tu propio estudio, encontrarás que hay cinco pasajes que hablan sobre este tema. Sorprendentemente, los cinco pasajes nos revelan como el evangelio fue proclamado a todas las naciones durante la generación de los apóstoles. Veamos esos cinco pasajes.

Primero, examine las palabras de Pablo en Romanos 1:8:

"En primer lugar, doy gracias a mi Dios por medio de

29

*Jesucristo por todos vosotros, porque por todo el mundo
se habla de vuestra fe."*

Su fe está siendo proclamada – en el tiempo de Pablo – por todo
el mundo.

Pablo lo hace aún más claro en Romanos 10:18:

*"Pero yo digo, ¿acaso nunca han oído? Ciertamente que
sí: Por toda la tierra ha salido su voz, y hasta los confines
del mundo sus palabras."*

Pablo lo afirma otra vez en Romanos 16:25-26:

*"conforme a mi evangelio y la predicación de
Jesucristo…se ha dado a conocer a todas las naciones."*

Pablo nos lo repite en Colosenses 1:5-6:

*"…el evangelio que ha llegado hasta vosotros. Así como
en todo el mundo está dando fruto constantemente y creciendo."*

Allí está nuevamente. El evangelio estaba produciendo fruto
en todo el mundo - en los tiempos de Pablo.

Finalmente, veamos la declaración más clara que hizo Pablo
sobre este tema:

*"Si en verdad permanecéis en la fe bien cimentados y
constantes, sin moveros de la esperanza del evangelio
que habéis oído, que fue proclamado a toda la
creación debajo del cielo, y del cual yo Pablo fui hecho
ministro."*
                    (Colosenses 1:23; subrayado agregado)

¿Lo pudo haber dicho más claro Pablo? El evangelio fue
predicado *en toda la creación que está bajo el cielo.*

Cuando la gente lee estos pasajes se podrán preguntar si las palabras "mundo entero", "fines del mundo", "todo el mundo," y " toda la creación bajo el cielo," realmente significan "todo el mundo" de la manera que nosotros lo entendemos el día de hoy. Algunos se preguntarán si estas palabras tal vez se referían al mundo como los discípulos lo conocían o solamente el Imperio Romano.

En estos pasajes hay dos palabras griegas diferentes que han sido traducidas para la palabra "mundo" Pablo usó la palabra griega *kosmos* en Romanos 1:8 y en Colosenses 1:6. La palabra *kosmos* se puede traducir como "mundo" o "tierra," pero de cualquier forma, incluye al mundo entero. La otra palabra griega para "mundo" es *oikoumene*, la cual se puede traducir como "tierra habitada" o "tierra civilizada". Pablo utilizó esta palabra en Romanos 10:18, cuando declaró que La Palabra había sido esparcida *"hasta los fines de la tierra."* Jesús también utilizó esta palabra, *oikoumene,* en Mateo 24:14. Por lo tanto, entendemos que su declaración original fue que los discípulos tendrían tiempo para predicar el evangelio del reino al mundo civilizado.

En cualquier manera que lo veamos, las palabras de Jesús se cumplieron dentro de una generación de los primeros discípulos. Y cambiaron el mundo.

Eusebio

La enseñanza del nuevo pacto fue llevada a todas las naciones, y en seguida los romanos sitiaron a Jerusalén y la destruyeron junto con el templo.

(*The Proof of the Gospel*, 1920, I:6)

John Chrysostom

Predicarás en todas partes... Y luego agregó, "Y será predicado este evangelio del reino en todo el mundo, para testimonio a todas las naciones; y entonces vendrá el fin." La señal de este tiempo final será la caída de Jerusalén.

(*The Ancient Christian Commentary*, 2002, Ib: p. 191)

Justin Martyr

De Jerusalén salieron al mundo, hombres, doce en número... por el poder de Dios ellos proclamaron a cada raza de hombres que ellos fueron enviados por Cristo para enseñar a todos la palabra de Dios.

(*The Ante-Nicene Fathers*, 1989, *First Apology*, XXXIX)

Charles Spurgeon

Hubo un intervalo suficiente para la proclamación completa del evangelio por los apóstoles y evangelistas de la Iglesia cristiana temprana, y por la reunión de aquellos quienes reconocieron el Cristo crucificado como el verdadero Mesías. Y luego vino el horrible fin, el cual el Salvador previó y predijo, y la perspectiva que escurrió de sus labios y corazón, el lamento doloroso que siguió su profecía de la muerte esperando su capital culpable.

(*Spurgeon's Popular Exposition of Mathew*, 1979, p.211)

Jesús dijo, *"y entonces vendrá el fin"* (Mateo 24:14). ¿A cuál fin se refería? Al fin del templo y la destrucción de Jerusalén, lo cual es exactamente lo que aprenderemos en el siguiente versículo. Este es el fin del cual Jesús estaba hablando. Y esa destrucción es de lo que Jesús habló enseguida.

Mateo 24:15-20: Aviso de Destruccion

Jesús les dijo a los discípulos que después de que predicaran el evangelio exitosamente, necesitaban huir de Judea, porque la destrucción estaba por ocurrir.

> *"Por tanto, cuando veáis en el lugar santo la abominación desoladora de que habló el profeta Daniel (el que lee, entienda), entonces los que estén en Judea, huyan a los montes. El que esté en la azotea, no descienda para tomar algo de su casa; y el que esté en el campo, no vuelva atrás para tomar su capa. Mas ¡ay de las que estén encinta, y de las que críen en aquellos días! Orad, pues, que vuestra huida no sea en invierno ni en día de reposo;"* (Mateo 24:15-20)

Los cristianos entrenados en el punto de vista futurista ven este pasaje cumpliéndose en el futuro, en un tiempo justo antes del fin del mundo. Típicamente, ellos piensan en la abominación desoladora como el anticristo quien entrará al templo (uno que será construido en el futuro cercano) en Jerusalén, y pondrá un ídolo de el mismo para que lo adoren, y el mismo se declarará Dios. Ese evento es pensado como el inicio de una terrible tribulación alrededor del mundo.

Para entender este pasaje desde el punto de vista preterista parcial, nótese que Jesús está hablando de eventos trágicos que sucederán no alrededor del mundo, sino allí mismo en

Jerusalén y su área alrededor de Judea. Sabemos esto porque él está hablando a sus discípulos y contestando su pregunta sobre cuándo Jerusalén y el templo serán destruidos. Jesús dijo que cuando la abominación desoladora (la cual definiremos más tarde) esté en el lugar santo, los que estén *"en Judea"*, huiran a los montes. El no dijo que la gente que esté en todo el mundo huirían.

Además, sabemos que Jesús estaba dando su advertencia a los judíos, porque advirtió a la gente que orare que su huida no fuere en sábado – una advertencia que es particularmente relevante para los judíos, porque ellos guardan el sábado de manera que no les permitía ni trabajar ni correr (huir) – aun en el evento de una tragedia.

También, dijo que la gente que estuviese en sus azoteas no debiera bajar a sus casas para tomar sus cosas; esto, también indica que estaba hablando de la gente en esa región del mundo, porque las casas en Jerusalén solían ser construidas de tal manera que la gente podía reunirse en sus azoteas. Las advertencias de Jesús no nos dicen nada sobre la gente viviendo fuera de Judea. Jesús hablaba sobre algo horrible que estaba por suceder en Judea, y no hay nada en este pasaje que indique un evento mundial.

Los Pasajes Paralelos en Lucas 21 y Marcos 13

Para confirmar lo que Jesús estaba hablando en Mateo 24:15-20 tocante a los eventos que sucederan alrededor de Jerusalén y Judea, es de mucha ayuda poder dar una vista a las epístolas de Marcos y Luca donde el discurso de los Olivos fue grabado. En revisar esto pasajes vale la pena notar como corresponden con Mateo 24.

1. Jesús habló sobre la maldad de los líderes judíos religiosos (Mt. 23:1-35; Mr. 12:38-40; Lc. 20:45-47).

2. Jesús declaró la destrucción del templo
   (Mt. 23:37-24:2; Mr. 13:1-2; Lc. 21:5-6).

3. Los discípulos le preguntan a Jesús sobre la
   destrucción venidera (Mt. 24:3; Mr. 13:3-4; Lc. 21: 7).

4. Jesús contestó, hablando sobre:
   personas clamando ser Cristo
   (Mt. 24:5; Mr. 13:5-6; Lc. 21:8),
   guerras y rumores de guerra
   (Mt. 24:6-7; Mr. 13:7-8; Lc.21:9-10),
   terremotos y hambres
   (Mt. 24:7; Mr. 13:8; Lc. 21:11),
   y el evangelio siendo predicado por todo el
   mundo (Mt. 24:14; Mr. 13:10).

Estos pasajes son asombrosamente similares, aunque cada escritor utilizó terminología escasamente diferente. Esto puede ser el resultado de los diferentes escritores y sus registros de cómo se acordaron de lo que sucedió y lo que ellos consideraban importante. Las diferencias también pueden ser resultado de las diferentes ocasiones de las cuales Jesús habló sobre este tema. Frecuentemente era en el templo en Jerusalén, y Jesús habría tenido muchas oportunidades de hablar de la terrible destrucción a punto de suceder. Cualquiera que hayan sido las razones de las diferencias insignificantes, podemos ver que las respuestas que Jesús dio son muy similares en cada uno de los registros de los tres evangelios.

Después que Jesús habló sobre las señales que acontecerían, continúa en los tres evangelios advirtiendo a la gente que tendrían que huir de Judea. Examinemos los registros en los tres pasajes paralelos.

"Por tanto, cuando veáis en el lugar santo la abominación desoladora de que habló el profeta Daniel (el que lee, entienda), entonces los que

estén en Judea, huyan a los montes."

(Mateo 24:15-16)

"Pero cuando viereis a Jerusalén rodeada de ejércitos, sabed entonces que su destrucción ha llegado. Entonces los que estén en Judea, huyan a los montes; y los que en medio de ella, váyanse; y los que estén en los campos, no entren en ella."

(Lucas 21:20-21)

"Pero cuando veáis la abominación desoladora de que habló el profeta Daniel, puesta donde no debe estar (el que lee, entienda), entonces los que estén en Judea huyan a los montes."

(Marcos 13:14)

Noten que en los tres pasajes Jesús dice claramente que la gente de Judea son los que deben huir.

La Abominación en el Lugar Santo

Ahora debemos examinar a que Jesús se estaba refiriendo cuando avisó a los discípulos sobre una abominación de la desolación en el lugar Santo.

Como mencionamos antes, los maestros futuristas asumen que la abominación es el anticristo quien pondrá un ídolo en un futuro templo o en realidad pararse en el templo y declararse a sí mismo Dios.

Para ver como ese entendimiento es totalmente sin fundamentos, primero observen que el anticristo nunca se menciona aquí (ni siquiera Jesús menciona al anticristo). También, note que Jesús estaba hablando a sus discípulos y diciéndoles que ellos serían testigos de este evento. Jesús no estaba hablando de un anticristo que vendría cientos o miles de años más tarde, sino de una abominación que verían en su tiempo.

Luego, podemos identificar dónde se pondría la abominación. Mateo se refiere al *"lugar santo"* y Lucas se refiere a *"Jerusalén".* ¿Cuál autor está en lo correcto? Ambos. Cuando Mateo menciona el lugar santo, él se refería al mismo lugar que Lucas cuando éste se refería a Jerusalén. Podemos confirmar esto examinando la terminología "lugar santo," el cual ha sido traducido de las palabras griegas *hagios topos.* Esta terminología nunca es usada en la Biblia para referirse al templo o el santo de santos en el templo. Cualquiera con un diccionario griego podría aprender, que la palabra *hagios* significa "santo" y *topos* se refiere a una localidad. Se utiliza en expresiones tales como "lugar desértico" pero nunca se refiere a un edificio.

Como tenemos a Lucas refiriéndose a este lugar santo como *"Jerusalén,"* es natural concluir que Jesús se refería a Jerusalén en el pasaje paralelo de Mateo.

¿Ahora, qué es la abominación desoladora? Cuando hablamos de una abominación, nos estamos refiriendo a algo horrible, detestable y repugnante. Lucas nos dice que la abominación eran los ejércitos rodeando a Jerusalén. ¿Qué podría ser más detestable para los judíos? Los ejércitos paganos se unirían para desolar la ciudad santa.

¿Corresponde esto con la evidencia histórica? ¡Perfectamente! Como hemos notado, en el año 70 d. C. veinte mil soldados romanos rodearon las montañas alrededor de Jerusalén, la cuidad santa.

John Chrysostom

Por lo que a mí me parece que la abominación desoladora significa el ejército por el cual la ciudad santa de Jerusalén fue desolada.

(*The Ante-Nicene Fathers*. Dec. 1, 07, http://www.preteristarchive.com/StudyArchive/c/chrysostom_homily.html)

Esto se empareja con la descripción que leímos en Daniel 9. Recuerden que Jesús se refirió en Mateo 24:15 a la abominación desoladora *"de la cual habló Daniel."* Examinaremos el libro de Daniel más tarde (sección 3), pero aquí noten la referencia de Daniel a la abominación:

> *"y el pueblo de un príncipe que ha de venir destruirá la ciudad y el santuario; y su fin será con inundación, y hasta el fin de la guerra durarán las devastaciones."*
>
> (Daniel 9:26)

Verdaderamente, los soldados vinieron a destruir Jerusalén. Por cuatro meses mataron de hambre a la gente; luego bajaron sobre la ciudad como un torrente derramado en el valle.

Huyendo de Jerusalem y Judea

Cuando la abominación – esto es, los soldados romanos – empezaron a alinearse alrededor de las montañas de Jerusalén, había un corto tiempo en el cual las personas podían huir. Por lo tanto, podemos entender la exhortación de nuestro Señor a los que estarían en las azoteas de no bajar por sus cosas, ni los que estuvieran en el campo que regresaran por sus mantos. Jesús les decía que huyeran de inmediato. Después de que esos cristianos en Jerusalén pudieron escapar, los soldados romanos sellaron la ciudad. A nadie más le fue permitido entrar o salir. Los romanos cerraron Jerusalén para que la gente muriera de hambre.Josefo escribió:

> Por lo cual toda esperanza de escapar fue cortada de los judíos, junto con su libertad de salir de la ciudad. Luego la hambruna agrandó su progreso, y devoró a la gente por casas y familias enteras; los cuartos estaban llenos de mujeres y niños muriéndose de hambre; y las calles de la ciudad estaban llenas de cuerpos muertos de los viejos; los niños también y los hombres jóvenes vagaban por los mercados como sombras, todos hinchados de hambre, y caían muertos donde les alcanzaba la miseria.
>
> (*Las Guerras de Los Judios*, 1998: v.xii:3)

Históricamente, sabemos que los discípulos huyeron de Jerusalén antes de la destrucción de la ciudad. ¿Por qué huyeron? Porque se acordaron de la advertencia que Jesús les dio, que la ciudad sería rodeada por los ejércitos y que debieran huir de la destrucción que acontecería.

Eusebio

Los miembros de la iglesia de Jerusalén, por medio de un oráculo dado por revelación para personas aceptables allí, fueron ordenados a salir de la ciudad antes de que empezara la guerra y establecerse en un pueblo en Peraea llamado Pella.

(*The History of the Church*, 1965, III:5)

Beda el Venerable

...con el acercamiento de la guerra con Roma y la exterminación de los judíos, todos los cristianos que estaban en esa provincia, advertidos por la profecía, huyeron lejos, tal y como la historia de la iglesia relata, y retirándose más allá del Jordán, permanecieron por un tiempo en la ciudad de Pella bajo la protección de Agripa.

(Sitado en *Thomas Aquinas' Golden Chain* Dec 1, 07, http://www.preteristarchive.com/StudyArchive/b/bede_venerable.html)

Charles Spurgeon

Los cristianos en Jerusalén y los pueblos y aldeas alrededor, "en Judea," se aprovecharon de la primera oportunidad de eludir a los ejércitos romanos, y huyeron al pueblo montañoso de Pella, en Perea, donde fueron preservados de la destrucción general que derrocó a los judíos. No había tiempo de sobra antes de la intervensión final de la ciudad culpable; el hombre "en la azotea" no podía "regresar para tomar sus cosas", y el hombre "en el campo" no podría "regresar para tomar sus ropas." Deberían huir a las montañas en la mayor prisa en el momento que vieron a "Jerusalén alcanzada por los ejércitos."

(*The Gospel of the Kingdom*, 1974, p. 215)

John Chrysostom

"Entonces deja aquellos que estén en Judea huir a las montañas." ¿A qué se refiere por "entonces"? Estas cosas sucederán, él dice, "cuando veáis en el lugar santo la abominación desoladora de que habló el profeta Daniel." A mi parecer, él está hablando de los ejércitos y guerras. Por lo tanto huid. No hay esperanza de seguridad para ti en estas ciudades.

(*The Ancient Christian Commentary*, 2002, Ib: p. 193)

Mateo 24:21-22: Una Gran Tribulación

Jesús advirtió a los discípulos a huir de Jerusalén y de Judea (Mt. 24:15-20). Luego profetizó la gran destrucción a seguir:

"porque habrá entonces gran tribulación, cual no la ha habido desde el principio del mundo hasta ahora, ni la habrá. Y si aquellos días no fuesen acortados, nadie sería salvo; mas por causa de los escogidos, aquellos días serán acortados."

(Mateo 24:21-22)

Maestros futuristas dicen que esta gran tribulación vendrá en nuestro futuro, justo antes del fin del mundo, y que se extenderá por toda la tierra. Se habla tanto de esta tribulación venidera en algunos círculos cristianos que ha desarrollado su propia identidad y es llamada "la gran tribulación."

En realidad, Jesús estaba hablando de la destrucción de Jerusalén en el 70 d. C. El estaba contestando la pregunta de los discípulos, "¿Cuándo será la destrucción de Jerusalén y del templo?"

41

Si Jesús verdaderamente estaba hablando de los eventos del 70 d. C., entonces tenemos otra pregunta qué contestar. ¿Cómo pudo haber dicho que nada tan terrible ha ocurrido desde el principio de los tiempos en el mundo hasta ahora, ni lo habrá? ¿No han sucedido cosas más malvadas que la destrucción de Jerusalén?¿Qué del holocausto del siglo veintiuno cuando seis millones de judíos fueron asesinados? ¿Qué de otros tiempos de guerras y destrucción masiva?

La destrucción de Jerusalén no fue la más grande en magnitud, pero Jesús hablaba en términos de que fue la más grande calamidad en el sentido de sufrimiento y angustia.

Josefo nos describe lo que realmente sucedió en el 70 d. C. Después que la ciudad fue sellada por los soldados romanos, Josefo dice cómo los judíos cometieron atrocidades horribles unos a otros, aún acciones horrendas, como canibalismo, lo cual ocurrió durante la hambruna. El narra un vil relato de una mujer que asesina a su hijo pequeño, cocinándolo, y comiéndose la mitad, y luego discutiendo con ladrones, quienes se metieron a su casa buscando comida y quien se comería la otra mitad.

Durante la hambruna los judíos también se tragaban diamantes y piedras preciosas con la esperanza de escapar y llevarlos de una manera segura a otro lugar. Sabiendo esto, los soldados romanos capturaban individuos de la cuidad y les cortaban sus estómagos y entrañas, buscando cualquier cosa que pudieran encontrar.

Después de que Tito puso un alto a esas búsquedas, una nueva forma de tortura comenzó. Josefo escribió que mientras los hombres trataban de escapar de la cuidad gateando para juntar comida, los soldados romanos les cortaban las manos y los regresaban a la cuidad. Cuando los soldados romanos por fin recibieron la orden de descender sobre Jerusalén, Josefo nos dice que más de quinientos hombres se capturaban por día, luego eran torturados, azotados y crucificados. Hombres eran clavados a cruces en frente de la cuidad hasta que ya no había espacio. Finalmente, los soldados entraron a la ciudad, y cada persona fue matada excepto noventa y siete mil quienes fueron llevados para ser esclavos en las minas egipcias o como regalos a varias provincias para que fuesen matados en los teatros.[*]

Cuando Jerusalén fue destruida, un genocidio de judíos fue lanzado a través de las regiones de alrededor. Josefo dijo:

> No había ni una ciudad de Siria la cual no mató a sus habitantes judíos, y que no fueron más enemigos amargos para nosotros de lo que fueron los mismos romanos.
>
> (*Las Guerras de Los Judios*, 1998: vii.viii:7)

La historia provee de muchos reportes similares de lo que sucedió a través de todo el Imperio romano.

Cuando comparamos el genocidio del 70 d. C. con el holocausto judío del siglo veintiuno, debemos admitir que el más reciente holocausto fue mayor en número, con seis millones de judíos que fueron matados en un periodo de seis años. Sin embargo, la mayoría de las personas fueron matadas con un gas venenoso, y hasta donde sabemos nadie fue crucificado. En el 70 d. C. más de un millón de judíos fueron matados por hambre, torturados y matados en un periodo de cuatro meses. A pesar de la mayor magnitud del holocausto del siglo veintiuno, la violencia durante la tribulación del 70 d. C. fue mucho más extrema en las atrocidades cometidas.

---

[*]Flavius Josephus, *The Wars of the Jews*, 1998, v:xi:1-2: vi:ix:2-3.

Charles Spurgeon

La destrucción de Jerusalén fue lo más terrible que cualquier cosa que el mundo había visto, antes o después. Al parecer aún Tito vio en su obra cruel la mano de un Dios vengativo. Verdaderamente la sangre de los mártires matados en Jerusalén fue ampliamente vengada cuando la ciudad entera se convirtió en un verdadero Aceldama, o campo de sangre.

(*Spurgeon's Popular Exposition of Matthew*, 1979,p. 211)

John Chrysostom

Pues los romanos no solamente peleaban contra aquellos en Judea sino también en contra de aquellos judíos que estaban dispersos en todas partes.

(*The Ancient Christian Commentary*, 2002, Ib: p. 197)

Eusebio

Miles y miles de hombres de todas edades quienes junto con mujeres y niños padecieron por la espada, por hambruna, y por otras sin número formas de muerte... todo esto cualquiera que desea obtener información precisa de las páginas de la historia de Josefo. Debo atraer la atención particularmente a su declaración que la gente que se congregó de toda Judea en el tiempo de la Fiesta de la Pascua – y para usar sus propias palabras – fueron encerrados en Jerusalén como si en una prisión, fueron casi tres millones.

(*The History of the Church*, 1965, p. 69)

Mateo 24:23-27: Aparecen Falsos Cristos

Mientras la gente estaba siendo brutalmente matada por toda Judea, muchos judíos mantuvieron sus esperanzas de que aparecería un Mesías quien los libertara en el último momento. Varios líderes tomaron ventaja de esta creencia, la cual fue fundamental para el corazón y mente del judío. Sabiendo que esto pasaría, Jesús dio una advertencia:

"Entonces, si alguno os dijere: Mirad, aquí está el Cristo, o mirad, allí esta, no lo creáis. Porque se levantarán falsos Cristos, y falsos profetas, y harán grandes señales y prodigios, de tal manera que engañarán, si fuere posible, aun a los escogidos. Ya os lo he dicho antes. Así que, si os dijeren: Mirad, está en el desierto, no salgáis; o mirad, está en los aposentos, no lo creáis. Porque como el relámpago que sale del oriente y se muestra hasta el occidente, así será también la venida del Hijo del Hombre."

(Mateo 24:23-27)

Josefo escribió sobre muchos falsos profetas y líderes declarando ser el Cristo. Un ejemplo que dio fue de un falso profeta quien públicamente declaró a los habitantes desesperados de Jerusalén que un cierto día Dios los iba a liberar sobrenaturalmente. Muchos judíos siguieron a ese líder y terminaron perdiendo sus vidas por esa esperanza falsa. Josefo también describió como aparecieron señales extraordinarias, incluyendo una estrella parecida a una espada sobre Jerusalén y luego una luz alrededor del templo por una media hora.* Justo como Jesús había profetizado, los falsos Cristos demostraron "grandes señales y prodigios."

---

*Flavius Josephus, *The Wars of the Jews;* vi: v, 3.

45

Jerome

En el tiempo del cautiverio de los judíos por Roma, muchos ancianos judíos afirmaron ser el Cristo. En efecto, había tantos que hubo tres campos distintos de ellos cuando los romanos sitiaron a Jerusalén.

(*The Ancient Christian Commentary*, 2002, Ib: p. 197)

Jesús les dijo a los discípulos que no escucharan los rumores o declaraciones de Cristos o falsos profetas apareciéndose. Luego hizo una declaración contrastando lo falso a lo real. El dijo:

"Porque como el relámpago que sale del oriente y se muestra hasta el occidente, así será también la venida del Hijo del Hombre."

(Mateo 24:27)

De esto ellos debían saber que la venida de Jesús no sucedería en el desierto o en un lugar secreto. Cuando el Mesías realmente venga, dijo Jesús, sucederá en lo alto.

Mateo 24:28: El Cuerpo Muerto y los Buitres

"Donde esté el cadáver, allí se juntarán los buitres."

Imagínate miles de soldados juntos en las montañas rodeando a Jerusalén. Ahora, agrega a esa imagen el estandarte bajo el cual se reunieron – el estandarte del buitre, el cual los soldados romanos cargaban en banderas y solían pintar en sus escudos. Como un profeta, Jesús declaró que los buitres se reunirían, y que Jerusalén sería el cuerpo muerto.

Confirmación de los Evangelios Paralelos

Jesús terminó de contestar la primera pregunta, habiendo explicado todas las señales que llevarían a la destrucción de Jerusalén y del templo. Antes de que sigamos para examinar su respuesta a la segunda pregunta, vale la pena ver la confirmación de los otros dos evangelios.

Ya discutimos cómo se parecen Lucas 21 y Marcos 13 con Mateo 24. Sin embargo, sí hay una diferencia clave. En Mateo 24:3 los discípulos le hicieron a Jesús tres preguntas:

Pregunta 1: *"¿Cuándo serán estas cosas?"*
Pregunta 2: *"¿Qué señal habrá de tu venida?"*
Pregunta 3: *"¿Qué del fin del siglo (mundo)?"*

En contraste, ni Lucas ni Marcos registran la segunda o tercer pregunta. Lucas 21:5-7 dice lo siguiente:

"Y a unos que hablaban de que el templo estaba ador-nado de hermosas piedras y ofrendas votivas, dijo: En cuanto a estas cosas que veis, días vendrán en que no quedará piedra sobre piedra, que no sea destruida. Y le preguntaron, diciendo: Maestro, ¿cuándo será esto? ¿Y qué señal habrá cuando estas cosas estén para suceder?"

Marcos 13:1-4 es muy similar a este pasaje, sin preguntar nada sobre las señales de la venida de nuestro Señor o del fin del mundo.

Esto es significativo porque nos da una estructura clara en la cual entender Mateo 24. Como Lucas y Marcos sólo registran la pregunta sobre cuándo será destruido el templo, sabemos que nuestro Señor estaba contestando esa pregunta cuando hablaba de la gente que declararía ser Cristo, guerras, terremotos, hambruna, persecuciones, etc. Las respuestas que Jesús dio en Lucas y en Marcos son casi idénticas a las respuestas que Jesús dio en Mateo 24:4-22. Por lo tanto, es razonable concluir que Jesús estaba hablando sobre la destrucción del templo cuando habló sobre la gente que declararía ser Cristo, guerras, terremotos, hambruna, persecuciones, etc. Esto es confirmación que Mateo 24:4-22 contesta solamente la primer pregunta.

Reconociendo los paralelos en los evangelios muestra nuevamente cuan equivocados están los maestros futuristas cuando tratan de combinar las tres preguntas registradas en Mateo 24:3, como si las tres estuvieran preguntando sobre la segunda venida y el fin del mundo. Veremos las respuestas que Jesús dio a las dos preguntas restantes, y seguramente, hablaremos sobre su venida y el fin del mundo, porque esas son la segunda y tercera preguntas. Sin embargo, no se equivoque que la primera pregunta era sobre la destrucción de Jerusalén y del templo. Eso sucedió en el 70 d. C. dentro de la generación de los discípulos, exactamente como lo profetizó Jesús.

Comentarios Finales Sobre la Primera Pregunta

No podemos enfatizar lo suficiente cuán significativo un evento que era la destrucción de Jerusalén y del templo. Jerusalén era "la ciudad santa". El Monte Moriah en la cual se paraba el templo, fue el sitio donde Abraham estuvo dispuesto a ofrecer a su hijo Isaac (Gen. 22:2). También fue el lugar donde Dios se le apareció a David (2 Cr. 3:1). Era el sitio en el cual Salomón construyó el primer templo. Fue ahí donde los sumos sacerdotes ofrecían los sacrificios por los pecados de su pueblo. Era el centro de la vida judía, un lugar profundamente sagrado. Cuando el Templo fue destruido, el patrimonio judío fue destruido. En un sentido, fueron separados de Dios. Perdieron su identidad. Su sistema religioso fue abolido.

El escritor de Hebreos explicó como el sistema religioso judío fue abolido y reemplazado con el Nuevo pacto establecido a través de Jesús.

> *"Al decir: Nuevo pacto, ha dado por viejo al primero; y lo que se da por viejo y se envejece, está próximo a desaparecer."*
>
> (Hebreos 8:13)

Tenemos un pacto nuevo con mejores promesas. Tenemos un Sumo Sacerdote quien ha hecho el sacrificio máximo y final.

La transición de lo viejo a lo nuevo está en el centro de la historia y la Biblia. Es un punto fundamental en el plan de Dios a través de las épocas. Cuando el templo en Jerusalén fue destruido, finalizó el término del sistema religioso antiguo.

Pregunta 2:
"¿Cuál Será la Señal de tu Venida?"

Mateo registró la segunda pregunta que los discípulos le hicieron a Jesús como sigue:

"¿Cuál será la señal de tu venida?"

Los maestros futuristas entienden esta pregunta como sobre la segunda venida de nuestro Señor. Ellos dicen que Jesús regresará a la tierra después de que todas las señales de Mateo 24:4-22 ocurran. En otras palabras, en algún punto de nuestro futuro, después de guerras, terremotos, hambruna, persecuciones etc., entonces Jesús regresará.

Los preteristas parciales ofrecen un entendimiento muy diferente. Ya explicamos como todas las señales, como guerras, terremotos, hambruna, etc., fueron señales previas a la destrucción del templo en el 70 d.C. Esas señales se cumplieron. No son para nuestro futuro.

Ahora tenemos que determinar a qué se referían los discípulos cuando preguntaron, *"¿Cuál será la señal de tu venida?"*

Cuando la gente lee esa pregunta hoy, tienen una mentalidad muy diferente a la de los discípulos hace dos mil años. Cuando los discípulos estaban sentados con Jesús en el Monte de los Olivos, no estaban pensando en la segunda venida de nuestro Señor. Es más, en ese momento de sus vidas no estaban convencidos de que Jesús iba a morir (Mateo 16:21-23), mucho menos regresar a la tierra algún día. Por lo tanto, ellos no pudieron haber estado preguntando sobre la segunda venida.

¿Qué, entonces, estaban preguntando? Miren otra vez la pregunta: *"¿Cuál será la señal de tu venida?"* ¿A qué se refiere por su *"venida?"*

En este tiempo en la historia, los judíos estaban buscando a un Mesías. Ese era su esperanza primordial. Ellos buscaban a un Mesías que viniera y estableciera un reino en el cual los judíos tendrían dominio en la tierra y reinarían por siempre. Sabiendo esto, nos da un punto de vista completamente diferente sobre el pensar de los discípulos. ¿Recuerdan cuando la madre de los hijos de Zebedeo le preguntó a Jesús si sus dos hijos se pudieran sentar, el uno a su derecha, y el otro a su izquierda (Mateo 20:20-23)? Esto revela lo que estaba en sus mentes.

Cuando los discípulos le preguntaron a Jesús, *"¿Qué sera la señal de tu venida?"* ellos le preguntaban "¿Cuándo vendrás a tu reino?" "¿Cuándo tomarás tu posición y revelarte como rey?"

¿Cuándo sucedió eso? Después de que Jesús murió, resucitó de la muerte, y ascendió al cielo, se sentó en el trono a la diestra de Dios. Toda autoridad le fue dada, tanto en el cielo como en la tierra. Jesús vino a su reino en el momento que ascendió al cielo y se sentó junto al Padre. Esto pasó hace casi dos mil años, en la generación en la cual vivieron los discípulos.

Para confirmar esto, lea las palabras de Jesús en Mateo 16:28:

> *"De cierto os digo que hay algunos de los que están aquí, que no gustarán la muerte, hasta que hayan visto al Hijo del Hombre viniendo en su reino."*

De una manera similar, Marcos registra las palabras de Jesús:

> *"De cierto os digo que hay algunos de los que están aquí, que no gustarán la muerte hasta que hayan visto el reino de Dios venido con poder."*
>
> (Marcos 9:1)

¿Lo pudo haber dicho más claro Jesús? Él declaró que algunos de los que vivían en ese tiempo de la historia vivirían para verlo entrar a su reino. Verdaderamente, Jesús se sentó en su trono hace dos mil años. Con este concepto sobre "la venida de su reino," ahora podemos ver la respuesta de nuestro Señor.

Mientras vemos esto, no brinques a la conclusión de que rechazamos la creencia en la segunda venida. Sabemos que Jesús regresará a la tierra en algún punto del futuro, y hablaremos de su segunda venida más tarde cuando veamos la respuesta de nuestro Señor a la tercera pregunta. Lo que estamos diciendo en este punto es que la segunda pregunta de los discípulos no fue sobre la segunda venida de Jesús, sino sobre la venida de su reino.

Jonathan Edwards

Es evidente que cuando Cristo habla de su venida, su ser revelado, su venida a su Reino, o la venida de su Reino, se refiere a su apariencia en esas grandes obras de su poder, justicia y gracia, la cual sería en la destrucción de Jerusalén y otras providencias extraordinarias las cuales deberán atenderlo.

(*The History of Redemption*, 1199, 1776. Dec. 1, 07, http.//preteristarchive.com/StudyArchive/e/edwardsjonathan_revival.html)

Jesús Contesta la Segunda Pregunta

Es de gran ayuda ver la asociación tan cercana entre la destrucción de Jerusalén con la venida de Jesús a su reino. Jesús dijo:

> *"E inmediatamente después de la tribulación de aquellos días..."* (Mateo 24:29)

Jesús dijo que *"inmediatamente"* después de la destrucción de Jerusalén, los discípulos sabrían que él habría venido a su reino. Él habla de eso en el próximo versículo.

Mateo 24:30a: La Señal del Hijo del Hombre

> *"Y luego la señal del Hijo del Hombre aparecerá"*

Los maestros futuristas ven estas palabras y ven a Jesús apareciéndose en el cielo. Pero vean cuidadosamente. ¿Dice este versículo que Jesús se aparecerá en el cielo? Dice, que *"la señal"* aparecerá. Una señal es similar a una cartelera declarando algo. ¿Cuál es la señal? Es la señal del Hijo del Hombre. No es Jesús el que aparecerá, sino la señal aparecerá.

La versión Reina Valera de Mateo 24:30 lee así:

> *"Entonces aparecerá la señal del Hijo del Hombre en el cielo"*

Otra vez, leyendo cuidadosamente nos lleva a ver que no es Jesús quien aparece, pero es la señal que aparece. ¿Y qué indicará esa señal? Que el Hijo del Hombre está en el cielo. Él ha llegado. ¡Él se ha sentado en su trono!

Pregunta 2: "¿Cuál Será la Señal de tu Venida?"

La versión Reina Valera se refiere al Hijo del Hombre en el "cielo," mientras que otras versiones se refieren al Hijo del Hombre en el "firmamento." Cualquier traducción es correcta porque la palabra griega *ourano* puede ser traducida como "cielo" o "firmamento." Sin embargo, si utilizamos la palabra "firmamento," el lector puede ver a Jesús arriba en las nubes. Por el otro lado, si entendemos que Jesús está en el "cielo," entonces lo podemos ver con su Padre sentado en su trono. Es esta visión en el cielo que corresponde con Jesús viniendo a su reino.

Ponte en los zapatos de los discípulos hace dos mil años sentados en el Monte de los Olivos. Estaban a punto de perder al que ellos estaban siguiendo. Él moriría. Después de que Jesús ascendió al cielo, ¿cómo habrían de saber que realmente llegó al cielo? ¿Cómo sabrían que a Él se le había dado toda autoridad sobre el cielo y la tierra?

Esto es lo que precisamente Jesús les decía. Él estaba contestando la pregunta, *"¿Qué señal habrá de tu venida?"*

¿Y cuál es esa señal?

Jesús les acababa de decir todas las señales que terminarían en la destrucción de Jerusalén y del templo. Esa destrucción era la señal. Era la cartelera. Una vez que vieron la destrucción de Jerusalén y del templo, debían saber sin duda que Jesucristo estaba en su trono en el cielo.

Para obtener una idea del impacto que marcó esta señal en los discípulos judíos del primer siglo, compáralo con lo que le pasó a Japón en 1945 cuando la bomba atómica fue lanzada sobre Hiroshima y Nagasaki. Cuando esas bombas diezmaron las dos ciudades, la gente japonesa viendo a distancia sabían que la guerra había terminado. Ellos habían perdido, y los Estados Unidos estaban en control. Pero más gente murió cuando fue destruida Jerusalén en el 70 d.C. que cuando las dos bombas cayeron en Japón. La nación Judía cayó. El templo

55

fue destruido. Esa fue la señal.

Cuando el templo fue destruido, el sistema religioso judío terminó. La gente ya no podía acercarse a Dios por medio de los sacrificios de animales en el templo. Había un Sumo Sacerdote nuevo. La Piedra que los constructores habían rechazado se había convertido en la Piedra Angular Mayor. Se estaba construyendo un templo nuevo de piedras vivientes. Esa fue la señal de que Jesús vino a su reino. El trono de David había sido llevado al cielo. De allí, Jesucristo gobernaría su reino eterno.

Mateo 24:29: Las Señales del Juicio

"E inmediatamente después de la tribulación de aquellos días, el sol se oscurecerá, y la luna no dará su resplandor, y las estrellas caerán del cielo, y las potencias de los cielos serán conmovidas."

Para entender este pasaje, primero noten el marco del tiempo. Jesús dijo que estas cosas sucederían *"inmediatamente después de la tribulación de aquellos días."* Como la tribulación que Jesús describió sucedió en el 70 d.C., deberemos buscar el cumplimiento de este versículo *"inmediatamente"* después del 70 d.C.

Para ver este cumplimiento, necesitamos estar familiarizados con ciertos modismos judíos. El sol, la luna, y las estrellas frecuentemente fueron utilizados para referirse a autoridades gubernamentales. Por ejemplo, José tuvo un sueño en el cual el sol, la luna y las estrellas todos se postraron ante él (Gen. 37:9); cuando José le relató este sueño a su familia, ellos no concluyeron que el sol, la luna y las estrellas literalmente se postrarían, pero que José sería levantado sobre autoridades gubernamentales. De manera similar, podemos leer en Apocalipsis 12:1 que una mujer aparece vestida del sol con la luna debajo de sus pies y una corona de estrellas sobre su cabeza, significando que tenía gran autoridad. En tiempos modernos solemos utilizar terminología similar cuando hablamos de una estrella de cine o una superestrella. En terminología bíblica, se decía que la fama y gloria de una ciudad grande brillaban como el sol, la luna o las estrelas. Cuando una ciudad era destruida se decía que el sol la luna y las estrellas se oscurecían.

Por ejemplo, en el libro de Ezequiel podemos leer sobre el juicio y la destrucción venidera de Egipto.

> "Y cuando te haya extinguido, cubriré los cielos, y haré entenebrecer sus estrellas; el sol cubriré con nublado, y la luna no hará resplandecer su luz. Haré entenebrecer todos los astros brillantes del cielo por ti, y pondré tinieblas sobre tu tierra," dice Jehová el Señor.
>
> (Ezequiel 32:7-8)

Esta destrucción que fue profetizada por Ezequiel sucedió en Egipto, pero no hay registro de que el sol, la luna o las estrellas se hayan oscurecido.

Podemos entender esto cuando nos damos cuenta que los profetas a veces hablaban en esta terminología apocalíptica. Lo podemos comparar con modernismos de hoy día que suelen utilizar las personas cuando cae la tragedia: "¡Su vida se vino abajo!" "¡Se está cayendo el cielo!" o "¡Se apagaron las luces!" Puede ser difícil para cristianos de hoy día pensar en Jesús utilizando tal terminología, pero es exactamente lo que hizo. Es más, es la única forma en que encontramos utilizada esta terminología en toda la Biblia (como verás en más ejemplos anotados más abajo). Fue un modismo judío refiriéndose a la destrucción venidera y la transferencia de autoridad.

Considere como Isaías declaró destrucción sobre una región

al sur de Israel conocido como Edom:

> *"Y todo el ejército de los cielos se disolverá, y se enrollarán los cielos como un libro; y caerá todo su ejército, como se cae la hoja de la parra, y como se cae la de la higuera. Porque en los cielos se embriagará mi espada; he aquí que descenderá sobre Edom en juicio, y sobre el pueblo de mi anatema."*
>
> (Isaías 34:4-5)

En ese tiempo de la historia los cielos no fueron literalmente *"enrollados como un libro."* Los ejércitos de los cielos literalmente no cayeron como hojas de una higuera. Aun así, Edom fue destruido.

Finalmente, considera la declaración de juicio de Dios por Isaías sobre Babilonia.

> *"Por lo cual las estrellas de los cielos y sus luceros no darán su luz; y el sol se oscurecerá al nacer, y la luna no dará su resplandor."*
>
> (Isaías 13:10)

Cuando Babilonia fue juzgada, no hubo registro de que las estrellas o constelaciones dejaran de brillar. El sol no se oscureció. La luna no dejó de resplandecer. Aun así la destrucción vino.

Si vamos a dejar que la Biblia se interprete a si misma, debemos concluir que Jesús estaba utilizando lenguaje apocalíptico para declarar destrucción. Justo como los profetas Isaías y Ezequiel hablaron juicio sobre Egipto, Edom y Babilonia, así también Jesús como profeta declaró destrucción sobre Jerusalén. Los discípulos de Jesús hubieran reconocido esa fraseología. Ellos conocían el Antiguo Testamento. Tal terminología era parte de sus expresiones culturales.

Esto cabe perfectamente con lo que realmente sucedió después de que Jesús murió, resucitó, y ascendió al cielo. Jesús se sentó a la diestra del Padre. Le fue dada toda autoridad sobre los cielos y la tierra. La evidencia en la tierra del reino de Jesús en el cielo fue que el viejo templo fue destruido. Había un nuevo Sumo Sacerdote sentado en el cielo. Había un gobernante nuevo: el Rey de reyes y Señor de señores.

"Quien habiendo subido al cielo está a la diestra de Dios;
y a él están sujetos ángeles, autoridades y potestades."
(1 Pedro 3:22)

Los cielos se estremecieron porque Jesucristo vino a su reino.

Mateo 24:30b: El Hijo del Hombre en Gloria

Ya hemos examinado la primera parte de Mateo 24:30, ahora consideremos el resto del versículo.

"Entonces aparecerá la señal del Hijo del Hombre en el cielo; y entonces lamentarán todas las tribus de la tierra, y verán al Hijo del Hombre viniendo sobre las nubes del cielo, con poder y gran gloria."

¿Cuál es el significado de *"y entonces lamentarán todas las tribus de la tierra"*?

Para contestar esto, necesitamos examinar la palabra griega *ge*, la cual ha sido traducida en esta versión como "mundo." Cuando esta palabra *ge* es traducida en otros pasajes del Nuevo Testamento, es más comúnmente traducida como "tierra." Es más, esta palabra suele ser utilizada cuando se refieren a la tierra de promesa de los judíos. Esto es lo que creemos ser más verdadero al contexto de este pasaje. Por lo cual, nos dice que todas las tribus de la tierra lamentarán. ¿Quiénes son las tribus de la tierra? La tierra de la que habla en este pasaje es la tierra de promesa. Por lo cual, todas las tribus de Israel lamentarán.

Cuando la noticia de la destrucción del templo y de todo Jerusalén llegó a las tribus de Israel, gran lamento ocurrió en sus sinagogas y hogares. La "señal" (la destrucción de Jerusalén) causó a las "tribus" (de Israel) un gran lamento, pero aún así, se perdieron de la significancia de la señal. Fue la señal que "el Hijo del Hombre" estaba "en los cielos," que había ascendido de regreso a su Padre.

Cuando Jesús se refirió *"al Hijo del Hombre viniendo sobre las nubes del cielo, con poder y gran gloria,"* Él no dijo que el Hijo regresaría al mundo. Este evento sucedería en el cielo (o en las nubes según la versión Reina Valera). En el cielo, Jesús fue vestido con poder y gran gloria.

Esto es exactamente lo que profetizó Daniel cuando vio en su visión a Jesucristo tomando su posición a la diestra de su Padre:

> *"Miraba yo en la visión de la noche, y he aquí con las nubes del cielo venía uno como un hijo de hombre, que vino hasta el Anciano de días, y le hicieron acercarse delante de él. Y le fue dado dominio, gloria y reino, para que todos los pueblos, naciones y lenguas le sirvieran; su dominio es dominio eterno, que nunca pasará, y su reino uno que no será destruido."*
>
> (Daniel 7:13-14)

Daniel lo profetizó. Luego Jesús lo cumplió cuando recibió de su Padre el derecho de reinar, por su obra en la tierra que fue completada satisfactoriamente.*

Mateo 24:31: Ángeles Juntándose para Elegir

> "Y enviará sus ángeles con gran voz de trompeta,
> y juntarán a sus escogidos de los cuatro vientos,
> desde un extremo del cielo hasta el otro."

Para mucha gente, esto puede hablar solamente de la segunda venida de Cristo en el final del tiempo. Pero no es lo que Jesús dijo que significaba. Solo tres versículos después de esto, Él declara *"que no pasará esta generación hasta que todo esto acontezca."* Jesús dijo que este versículo era descriptivo de una de las cosas que sucederían durante el tiempo de una generación.

¿Cómo podemos entender esto? Mientras Jesús se sentó en su trono, toda autoridad le fue dada en el cielo y la tierra. Todo cambió en el momento que Jesús vino a su reino. El sonar de una trompeta significaba para los judíos que un decreto real se daría. ¿Cuál fue el decreto? Era tiempo de soltar los ángeles de Dios para ir y juntar a sus escogidos de todas las naciones. En el mismo tiempo, los discípulos de Jesús eran comisionados a ir y predicar el evangelio, haciendo discípulos de todas las naciones. Ya no era la nación Judía los únicos permitidos dentro de un pacto de relación con Dios. Jesús se había convertido en el Buen Pastor quien juntaba a sus ovejas de todo el mundo.

La palabra "juntar" es significativa, porque literalmente significa "sinagoga" (o "reunir" en griego). Los mensajeros de Cristo estarían juntando gente en su nueva sinagoga. El fin del viejo templo solo ayudaría a apresurar la construcción del nuevo templo, que es la Iglesia. Es un simple hecho de la historia que la iglesia comenzó un crecimiento vigoroso después de la caída de Jerusalén.

Mateo 24:32-33: Sepan Que Él Está Cerca

"De la higuera aprendan la parábola: cuando su rama ya se pone tierna y echa las hojas, saben que el verano está cerca. Así también ustedes, cuando vean todas estas cosas, sepan que Él está cerca, a las puertas."

Jesús les dijo aquí a sus discípulos que justo como brotan las hojas de la higuera es una señal segura de que se acerca el verano, así también estas señales de advertencia señalan el comienzo de un tiempo espiritual nuevo – el fin de una era vieja y el florecer de una nueva - La enseñanza de nuestro Señor sobre la higuera es aún más poderosa si sabemos que Jesús y los discípulos estaban sentados en el Monte de los Olivos. Nuestro Señor tan sencillamente pudo haber tomado una rama frágil de una higuera cercana y haberles dado la enseñanza de ver las señales obvias que indicarían la destrucción de Jerusalén y su venida a su reino.

Algunos maestros del punto de vista futurista alegan que la higuera simboliza Israel y que cuando Israel renazca como nación, la generación que lo vea suceder también verá la segunda venida de Cristo. Esta es una interpretación pasmosa. En la Biblia, Israel típicamente es visto como un árbol de olivo en vez de una higuera (ej., Jer. 11:16; Ro. 11:17). Además, no hay ninguna referencia de un renacimiento de Israel en este contexto. Jesús ya enlistó todas las señales que debieran esperar, y ninguna de ellas implica algo sobre un renacimiento de Israel. En el contexto, Jesús no estaba hablando sobre un evento a dos mil años en el futuro. Jesús estaba contestando la pregunta de sus discípulos sobre su venida a su reino – un evento que ellos verían en su tiempo.

Podemos saber que la ilustración de la higuera no era sobre el futuro renacimiento de Israel y la segunda venida de Jesús porque el próximo versículo es la declaración del Señor de que todas las señales sucederían en esa generación (24:34). Además, eso sería una contradicción a lo que dijo Jesús dos versículos después (24:36) tratando de que no habría señales para indicar cuándo sucedería su segunda venida (un tema que discutiremos pronto). Jesús no hablaría de ver las señales obvias y luego inmediatamente decir que ni Él sabe el día y la hora de su regreso.

Para cualquiera que necesite más pruebas, también podemos saber que la ilustración de la higuera no era sobre el renacimiento de Israel y sobre esa generación viendo la segunda venida de Jesús, porque sencillamente ¡no es cierto! Israel se hizo una nación en 1948, y más de sesenta años han pasado sin el regreso de Jesús.

La simple y obvia enseñanza de la higuera era para que

buscaran todas las señales enlistadas en Mateo 24:4-28. Cuando se cumplieran esas señales, los discípulos debían saber que Jesús había llegado a su reino.

Mateo 24:34: En esta Generación

Jesús terminó su respuesta a la segunda pregunta de sus discípulos diciendo:

> *"De cierto os digo, que no pasará esta generación hasta que todo esto acontezca."*

Si tomamos estos versos literalmente, entonces creeremos que todo lo que Jesús profetizó en Mateo 24:5-34 se cumplió para el año 70 d.C.

Claro, los maestros futuristas no pueden aceptar las palabras de Jesús literalmente. Algunas veces redefinen la palabra "generación" (*génesis*, en griego) a "raza," y por lo tanto, afirman que todos los eventos enlistados en Mateo 24 sucederán antes de que fallezca la raza de judíos. En realidad, esa reinterpretación es inconsistente con el resto del Nuevo Testamento. La palabra griega *génesis* es utilizada treinta y cuatro veces en el Nuevo Testamento, y nunca es traducida como "raza" alguna traducción de la Biblia comúnmente utilizada.

Si simplemente aceptamos el significado natural y literal de las declaraciones de Jesús, concluiríamos que todos los eventos registrados, incluyendo la venida del Señor, sucedieron durante el tiempo de vida de los discípulos quienes estaban escuchando a Jesús en ese tiempo.

John Calvin

Cristo les informa, que no pasará esta generación, y que ellos aprenderán por experiencia la verdad de lo que dijo. Por lo que en cuarenta años la cuidad fue destruida y el templo fue demolido, el país entero fue reducido a un desierto espantoso.

(Commentary on a Harmony of the Evangelists, Mathew, Mark, and Luke, 1949, vol. 3, p. 151)

Charles Spurgeon

El Rey dejó a sus seguidores sin ninguna duda para cuando sucedieran estas cosas: "De cierto os digo, que no pasará esta generación hasta que todo esto acontezca." Solo fue sobre el límite ordinario de una generación cuando los ejércitos romanos rodearon a Jerusalén, en donde la medida de iniquidad estaba llena y sobreabundaba en miseria, agonía, aflicción y derramamiento de sangre como nunca había visto el mundo hasta entonces y desde entonces. Jesús era un profeta verdadero; todo lo que predijo literalmente se cumplió.

(The Gospel of the Kingdom, 1974, p. 218)

Pregunta 3:
"¿Qué de la Consumación de este Siglo?"

La tercera pregunta que hicieron los discípulos concierne al fin del siglo (Mateo 24:3). Como mencionamos antes, la palabra griega para siglo, *aion,* es traducida en algunas versiones bíblicas como "mundo," y, por lo tanto, puede ser entendido que los discípulos estaban preguntando sobre el fin del mundo. En la siguiente discusión utilizaremos la palabra "siglo," pero el fin del siglo definitivamente será el fin del mundo como nosotros lo conocemos.

Jesús Contesta la Tercera Pregunta

Jesús contestó la tercera pregunta de los discípulos en Mateo 24:35 – 25:46. Los cristianos que tengan la versión de la Biblia con las palabras de Jesús en rojo, verán que en Mateo 24:35-25:46 son todas las palabras de Jesús. Es un discurso largo en el cual Jesús contesta la pregunta sobre el fin del siglo.

Estudiaremos estos versículos pasaje por pasaje, pero primero es importante identificar cómo sabemos que Mateo 24:35 es donde Jesús empieza a contestar la tercera pregunta. No escogimos este versículo como el principio arbitrariamente, pero una examinación rápida de las Escrituras revela que seguramente sí es donde Jesús empezó hablando sobre el fin del siglo. Permítanos explicar.

Ya estudiamos Mateo 24:34, donde Jesús dijo que todo lo previo a ese versículo sucedería en esa generación. Estaba dando un corte notable y un lugar razonable para nosotros ver cómo los eventos después de Mateo 24:34 pueden suceder en una fecha posterior, en una generación futura.

Ademas, podemos citar el próximo versículo, donde Jesús empieza a contestar la tercera pregunta:

> *"El cielo y la tierra pasarán, pero mis palabras no pasarán."*
>
> (Mateo 24:35)

Jesús está enfatizando como sus palabras ciertamente serán realidad, pero también está haciendo una declaración sobre el fin de las cosas -el cielo y la tierra pasando- Eso es lo que preguntaron los discípulos en su tercera pregunta: "¿Qué del fin del siglo (mundo)?"

Finalmente, podemos saber que aquí es donde Jesús comienza a contestar la tercera pregunta porque empieza a hablar sobre el *"día y la hora"*:

> *"Pero del día y la hora nadie sabe, ni aun los ángeles de los cielos, sino sólo mi Padre."*
>
> (Mateo 24:36)

Cuando la Biblia utiliza la terminología "el día y la hora," o "el gran día," o "el último día," o en algunos contextos "el día," se refiere al día de juicio, y no solo cualquier día de juicio, pero el día del gran juicio final donde Dios llamará a cuentas a toda persona en el fin del mundo (Mt. 7:22; Lc. 10:12; Juan 6:39; 12:48; Ro. 2:16; 1 Co. 1:8; 3:13; 5:5; Fil. 1:6, 10; 2 Ts. 1:10; 2 Ti. 1:18; 4:8; He. 10:25; 2 Pe. 3:10, 12; Jud. 1:6).

Ese día del gran juicio final es el tema del resto de Mateo 24 y todo Mateo 25. Jesús compara el día del Gran Juicio con el juicio del Diluvio de Noé (Mateo 24:37-39), con dos hombres en el campo (24:40-41), con un ladrón que vendrá en la noche (24:42-44), con un Señor que regresa y demanda cuentas de sus siervos (24:45-51), con un novio regresando por su novia (25:1-13), y con un hombre regresando a ver cómo sus siervos utilizaron sus talentos (25:14-30). Jesús termina esta gran enseñanza hablando sobre el Hijo del Hombre viniendo en gloria con todos los ángeles, y luego las naciones se reunirán delante de él (Mateo 25:31-46).

Examinaremos brevemente cada uno de estos pasajes, pero noten que cada uno de ellos habla del juicio venidero y el regreso del Juez. Por lo tanto, entendemos que Jesús está contestando la tercera pregunta referente al fin del siglo (mundo).

Charles Spurgeon

Hay un cambio manifiesto aquí en las palabras de nuestro Señor, lo cual claramente indica que se refieren a su última gran venida a juicio.

(*The Gospel of the Kingdom*, 1974, p. 218)

Mateo 24:36: Nadie Sabe Cuándo

"Pero el día y la hora nadie sabe, ni aun los ángeles de los cielos, sino sólo mi Padre."

El punto clave de este pasaje es que el día del Señor será una sorpresa. Jesús no sabe cuándo llegará. Ni los ángeles lo saben. Solamente el Padre lo sabe. Jesús siguió explicando que vendrá sin alguna advertencia.

Noten cuan diferente es la respuesta de nuestro Señor a esta pregunta que a las otras dos preguntas. Con respecto a la destrucción de Jerusalén, Jesús dijo que habría tiempo para predicar el evangelio, y luego ejércitos rodearían a Jerusalén. Con respecto a la venida de nuestro Señor a su reino, Jesús dijo que la principal señal visible sería la destrucción de Jerusalén y del templo. Sin embargo, con respecto al fin del siglo, Jesús dijo, *"nadie sabe, ni los ángeles del cielo, ni el Hijo."*

Este elemento de sorpresa sobre el fin del siglo es un tema fundamental de cada una de las parábolas que Jesús dio en el resto de Mateo 24 y en todo Mateo 25.

Mateo 24:37-39: Como los Días de Noé

"Mas como en los días de Noé, así será la venida del Hijo del Hombre. Porque como en los días antes del diluvio estaban comiendo y bebiendo, casándose y dando en casamiento, hasta el día en que Noé entró en el arca, y no entendieron hasta que vino el diluvio y se los llevó a todos, así será también la venida del Hijo del Hombre."

Jesús quería causar impresión en las mentes de los discípulos (y en nuestras mentes) que el día final del juicio vendrá como una sorpresa. Así como en el día de Noé, la gente estará comiendo y bebiendo, casándose y dando en casamiento; y luego de repente Jesús aparecerá, y el día del juicio habrá llegado.

Mateo 24:40-42: Como dos Hombres en el Campo

"Entonces estarán dos en el campo; el uno será tomado, y el otro será dejado. Dos mujeres estarán moliendo en un molino; la una será tomada, y la otra será dejada. Velad, pues, porque no sabéis a que hora ha de venir vuestro Señor."

El punto principal de este pasaje es que el día del Gran Juicio vendrá de repente, y por lo tanto, la gente debe estar siempre alerta.

Mateo 24:43-44: Como un Ladrón en la Noche

Luego, Jesús enseñó el elemento de sorpresa con una parábola de un ladrón viniendo en la noche.

"Pero sabed esto, que si el padre de familia supiese a qué hora el ladrón habría de venir, velaría, y no dejaría minar su casa. Por tanto, también vosotros estad preparados; porque el Hijo del Hombre vendrá a la hora que no pensáis."

No tan solo vendrá sin advertencia el día del gran juicio, sino que vendrá cuando no lo esperemos. Por lo tanto, estemos listos en todo tiempo.

Mateo 24:45-51: Como un Señor Regresando

"¿Quién es, pues, el siervo fiel y prudente, al cual puso su señor sobre su casa para que les dé el alimento a tiempo? Bienaventurado aquel siervo al cual, cuando su señor venga, le halle haciendo así. De cierto os digo que sobre todos sus bienes le pondrá. Pero si aquel siervo malo dijere en su corazón: Mi señor tarda en venir; y comenzaré a golpear a sus consiervos, y aun a comer y a beber con los borrachos, vendrá el señor de aquel siervo en día que éste no espera, y a la hora que no sabe, y lo castigará duramente, y pondrá su parte con los hipócritas; allí será el llanto y el crujir de dientes."

Hay muchas enseñanzas que se pueden tomar de este pasaje, pero la verdad más fundamental es que el día del juicio vendrá como sorpresa sin advertencia, y por lo tanto, el oyente es exhortado a continuar siendo diligente en el servicio y viviendo justamente.

Mateo 25:1-13: Como Diez Vírgenes Esperando

En el siguiente pasaje, Jesús dijo una parábola de diez vírgenes quienes esperaban el regreso de su novio para recogerlas. Cinco de las vírgenes fueron insensatas, no estaban listas para el regreso del novio, mientras las otras cinco fueron sabias, estando preparadas para el novio.

La lección más obvia, otra vez, es que la gente de Dios debe estar lista porque Jesús puede regresar en cualquier momento sin advertencia.

Mateo 25:14-30: Como Siervos con Talentos

Jesús luego ofreció una parábola sobre un hombre confiando sus posesiones a tres sirvientes. Cuando el señor regresó, demandó cuentas a cada siervo de cómo habían utilizado los talentos. Y luego los recompensó a cada uno de acuerdo a lo que produjeron.

La lección principal del juicio venidero es tan obvia que no hace falta comentar.

Una lección secundaria es que habría una gran demora antes del regreso de Cristo. Vemos esa demora en el versículo 19, la cual dice:

> "Después de _mucho tiempo_ vino el señor de aquellos siervos, y arregló cuentas con ellos."
>
> (subrayado agregado)

Esta demora no es como el juicio sobre Jerusalén, la cual sucedería en esa generación.

Mateo 25:31-46: El Día del Gran Juicio

En el último pasaje de Mateo 25, Jesús dio una descripción y resumen de la venida del día del Gran Juicio.

> *"Cuando el Hijo del Hombre venga en su gloria, y todos los santos ángeles con él, entonces se sentará en su trono de gloria, y serán reunidas delante de él todas las naciones; y apartará los unos de los otros, como aparta el pastor las ovejas de los cabritos. Y pondrá las ovejas a su derecha, y los cabritos a su izquierda. Entonces el Rey dirá a los de su derecha: Venid, benditos de mi Padre, heredad el reino... Entonces los justos le responderán diciendo...Y respondiendo el Rey, les dirá: De cierto os digo que en cuanto lo hicisteis a uno de estos mis hermanos más pequeños, a mí lo hicisteis. Entonces dirá también a los de la izquierda: Apartaos de mí, malditos, al fuego eterno preparado para el diablo y sus ángeles...E irán estos al castigo eterno, y los justos a la vida eterna."*

Una vez más, la lección es clara: Jesús regresará para juzgar a los justos y a los injustos.

La tercera pregunta que hicieron los discípulos – "¿Qué de la consumación de este siglo (mundo)?"- Jesús claramente la había contestado.

Resumen

El entendimiento preterista parcial de Mateo 24, el cual acabamos de presentarte, es sostenido por una porción significante del Cuerpo de Cristo por todo el mundo. La razón que mencionamos esto es para aclarar que no hemos presentado una doctrina loca que nadie más cree. Miles de maestros de la Biblia explicarían Mateo 24 similarmente a como lo acabamos de hacer.

Si llegas a aceptar el punto de vista preterista parcial de Mateo 24, entonces abrazarás varias ideas que pueden ser nuevas para ti; el punto más importante siendo que no habrá señales antes de la segunda venida de Jesús o para el fin del mundo. Jesús no sabía de alguna señal, y nadie más podrá saberlas tampoco. Jesús fue enfático en este punto, dando no menos de seis parábolas para asegurarse que sus seguidores entendieran que sería una sorpresa total.

Esto es contradictorio a lo hablado por maestros futuristas, quienes aman crear en sus oyentes anticipación sobre la segunda venida hablando sobre un número creciente de guerras, hambruna, terremotos, lideres religiosos falsos, y creyentes perdiendo la fe. En realidad, todas esas señales son las que antecedieron a la destrucción de Jerusalén en el 70 d.C. Cuando Jesús regrese en algún punto del futuro, estarás comiendo y bebiendo, manejado tu carro, dormido en tu cama, o trabajando en tu empresa. Entonces, de repente Jesucristo aparecerá en el cielo. Sin advertencia, sin señales.

Sección 2
Comprediendo la Perspectiva del Preterista Parcial

En esta sección discutiremos asuntos que son importantes para que cualquier individuo considere antes de aceptar el punto de vista preterista parcial. Esta será la única sección en este libro en la cual no nos enfocaremos en pasajes bíblicos específicos. En vez de ello, nos dirigiremos a asuntos relacionados a la Escatología, que si no se discuten, pueden ser piedras de tropiezo para quienes estén considerando el punto de vista preterista parcial.

La Vista del Preterista Parcial: Vista Victoriosa

Algunas veces los preteristas parciales se refieren a su punto de vista como "el punto de vista victorioso." Esto es reprobable para algunos futuristas porque ellos piensan que su punto de vista es el victorioso. Después de todo, Jesús regresará, conquistará toda maldad, y ganará en el fin. Es verdad que los futuristas ven la victoria en el fin, pero compare el desarrollo de eventos en los dos puntos de vista.

Los futuristas enseñan que en el futuro cercano habrá grandes terremotos, hambruna, y guerras. Luego, un anticristo tomará el mundo estableciendo un Gobierno mundial único, un sistema económico, y una falsa religión. Este anticristo entonces engañará a toda la humanidad para que lo sigan y les cortará la cabeza a los cristianos que no reciban su marca. Entonces, Dios soltará su furia sobre el mundo, quemando un tercio del mundo y causando gran dolor sobre la humanidad durante una tribulación de siete años. Aún más desalentadora es la creencia del futurista de que la Iglesia experimentará una gran caída antes de la tribulación, con decenas de miles de personas abandonando la iglesia verdadera. Seguramente, Dios tendrá la victoria en el fin, pero el camino entre ahora y entonces es devastador según el punto de vista futurista.

Compare esto con el punto de vista preterista parcial que ve las tragedias y la destrucción registradas en Mateo 24 como ya cumplidas. Mientras estudiamos el libro de Daniel en la sección 3, veremos que el reino de Dios está aquí, y continuará creciendo hasta que llene todo el mundo. En la sección 4 estudiaremos el libro de Apocalipsis y aprenderemos como todos los enemigos de Jesús progresivamente están siendo puestos debajo de sus pies hasta el final, cuando todos los reinos de este mundo sean reinos de nuestro Dios. Luego cuando estudiemos el futuro de los judíos en la sección 5, veremos el avivamiento futuro que Dios les ha prometido, junto con su promesa de que judíos y gentiles lo adorarían como un nuevo hombre. A través de las siguientes páginas veremos como la Iglesia se levanta en victoria, madurez, unidad, y poder antes de la venida de Cristo.

Cuando los dos puntos de vista son puestos lado a lado, no hay duda de cuál sea el punto de vista victorioso.

Ventajas del Punto de Vista del Preterista Parcial

Además del punto de vista futurista y del punto de vista preterista parcial, hay un tercer punto de vista llamado el punto de vista *preterista completo* (o simplemente el punto de *vista preterista*). Los cristianos que toman la posición preterista completo ven todas las profecías de Mateo 24 y del libro de Apocalipsis como ya cumplidas.

Punto de Vista Escatológico	Mateo 24 y Apocalipsis
Punto de Vista Futurista	Todo se Cumplirá en el Futuro
Punto de Vista Preterista Parcial	Parte en el Futuro, Parte en el Pasado
Punto de Vista Preterista Completo	Todo se Cumplió en el Pasado

Para aquellos interesados en un estudio posterior, hemos enlistado en la bibliografía algunos libros que ofrecen el punto de vista preterista completo.

No hablaremos más sobre el punto de vista preterista completo sino para mostrar una gran debilidad. Seguidores vienen a las Escrituras con la suposición de que todas las profecías del fin del tiempo ya se cumplieron. Por lo cual, deben de entender como cada uno de los pasajes fueron cumplidos en el pasado.

Los futuristas también se acercan a las Escrituras con una gran suposición – que todas las profecías pertinentes se cumplirán en el futuro. Ambos de estos puntos tienen el mismo problema – tienen que hacer que cada pasaje quepa en sus suposiciones.

En contraste, maestros que toman el punto de vista preterista parcial no están obligados a "encajar" ningún pasaje específico al futuro o al pasado. Tratan de entender cada pasaje en su propio contexto y tiempo histórico. Los preteristas parciales buscan indicaciones dentro del texto para ver si el pasaje profético va a ser cumplido "pronto" o "dentro de esa generación" o "en mucho tiempo." Luego los preteristas parciales consideran el registro histórico para ver si hay algún evento histórico claro que corresponda al pasaje profético. De esta manera, los preteristas parciales permiten que ambos, las Escrituras y la Historia hablen por sí mismos. Este patrón permite un entendimiento de las Escrituras sin tener que obligar a los pasajes a quedar dentro de una expectativa predeterminada.

¿Múltiples Cumplimientos de Profecía?

Cuando los cristianos futuristas escucharon por primera vez sobre el cumplimiento histórico de Mateo 24 y otras Escrituras relacionadas, suelen tratar de sostener su punto de vista futurista diciendo que debe haber más de un cumplimiento para esos pasajes Bíblicos. Dan ejemplos de múltiples cumplimientos como la promesa de Dios a David de que uno de sus descendientes construiría un templo y establecería un reino (1 Cr. 17:11-12). Salomón construyó el templo en Jerusalén y reinó sobre una gran región en el Medio Oriente. Sin embargo, también sabemos que Jesús, otro descendiente de David, está construyendo una casa y estableciendo un reino. A los futuristas les gusta tomar ejemplos como este de un doble cumplimiento y luego decir que puede que Dios tenga un doble cumplimiento de los pasajes como Mateo 24:4-34.

Como preteristas parciales, estamos de acuerdo que es posible que haya doble cumplimiento de algunas profecías del fin del mundo; sin embargo, tenemos razones para tener cuidado en esto.

Primero, vale la pena notar que el pasaje de 1 Crónicas 17 que registra la promesa de Dios a David, dice que el reino permanecerá para siempre. Esto es un indicador claro que Salomón no cumplió la promesa. Como su templo y reino fueron destruidos, inmediatamente sabemos que debemos buscar otro descendiente de David para cumplir esa promesa. Para ser precisos, debemos reconocer a Salomón, no como el primer cumplimiento, sino como simplemente un presagio al verdadero cumplimiento. Jesús fue el único cumplimiento.

A diferencia de la promesa al Rey David, no podemos encontrar en Mateo 24:4-34 ni un indicador claro de que habrá un cumplimiento posterior. En efecto, nos es dicho claramente dos veces que todos esos eventos sucederán dentro de una generación (Mateo 23:36; 24:34).

Como mencionamos en el capítulo anterior, debemos buscar

indicadores del tiempo dentro del pasaje que está siendo discutido. Si no hay indicadores de un cumplimiento futuro, entonces no hay razón para buscar un cumplimiento futuro.

Debemos también decir que cualquier cumplimiento futuro debe ser enseñado como una posibilidad en vez de como un hecho. Es algo irresponsable enseñar como doctrina algo que puede o no puede llevarse a cabo.

Finalmente, debemos considerar el hecho de que la gente tiende a ver lo que cree, porque ambos lo están buscando y porque la fe tiene el poder para causar que los eventos relacionados sucedan. Por favor no tome esto a mal. Nuestra intención no es dar a entender que cada pensamiento casual que tengamos cambia el mundo a nuestro alrededor, pero en algunos casos nuestra fe puede mover montañas. Por lo tanto, cuando maestros futuristas le dicen a sus seguidores que habrá hambruna, terremotos, guerras y una gran caida de la fe, la gente tiene algo de poder para activar eso en lo cual están creyendo.

¿Es sabio crear fe para posibilidades tan negativas? Nosotros creemos que no.

Retos para Nuestras Creencias Presentes

La mayoría de los cristianos – futuristas y preteristas parciales – afirmaran que sus creencias están basadas en las enseñanzas de la Biblia. Pero cada uno de nosotros - sin importar cuan sinceros seamos - traemos a la Biblia una mente llena de presuposiciones, creencias, puntos de vista de la realidad, y experiencias que influyen en la manera en que vemos las cosas e interpretamos las Escrituras. Porque vemos la Biblia por medio del lente de nuestra cultura y nuestro punto de vista de la realidad, cualquiera puede malinterpretar la Biblia.

Pruébate a tí mismo: ¿Has cambiado tu creencia tocante a algún tema, alguna vez? Todo aquel que se ha llamado cristiano por mucho tiempo tiene que contestar esto en afirmativo. La verdad es que nosotros (Harold Eberle y Martin Trench) antes creíamos en el punto de vista futurista. Como ministros, antes enseñábamos ese punto de vista, pero llegamos a convencernos que habíamos sido influenciados por estos factores, guiándonos a mal entender las palabras de Jesús.

Ahora esperamos que pongas a un lado –si te es posible – tus presunciones y creencias preconcebidas sobre los últimos tiempos, presunciones que tal vez obtuviste, no de la Biblia en sí, sino de novelas, películas, predicadores de la televisión y tus maestros favoritos. Ve las Escrituras a través de ojos nuevos. Solamente si te acercas a este tema con una voluntad de cambiar, tendremos alguna posibilidad de enseñarte las verdades de los últimos tiempos desde otra perspectiva.

A través de muchos años de presentar las verdades bíblicas a varios grupos cristianos, hemos observado cómo reaccionan y batallan cuando son retados. Los cristianos dicen creer en la Biblia, pero la mayoría de los cristianos no te pueden decir de dónde, en la Biblia, se originaron sus propias creencias. Es más, nos atrevemos a decir que la mayoría de los cristianos creen en lo que creen no porque pueden sostener esas creencias con la Biblia, pero porque creen en lo que fueron enseñados por su pastor favorito, su maestro de la escuela dominical, su maestro de Biblia, por su denominación, o por el predicador de la televisión. Claro, todos necesitamos maestros para que nos ayuden a ver cosas en la Biblia que no hemos visto. Dios es el que nos da maestros. Sin embargo, debemos preocuparnos cuando los cristianos son tan fieles a un maestro o denominación que no pueden considerar seriamente los puntos de vista de otros maestros que también están haciendo su mejor esfuerzo en servir al Señor.

La mayoría de los cristianos se aferrarán a sus creencias presentes sin importar cuan apremiantes sean las evidencias históricas y bíblicas que muestren lo contrario. Se sostendrán a esas creencias no porque las puedan defender bíblicamente, *sino por su propia lealtad a un líder espiritual al que aman y admiran.* Para ellos, cuestionar sus propias creencias es ser desleal a los líderes quienes les enseñaron. Es más fácil no cuestionar. Es más fácil dejar las cosas como están. Claro, puede ser difícil cambiar. Es difícil considerar otras maneras de pensar porque debes considerar la posibilidad que has estado equivocado, que los maestros a quienes amas y admiras han estado equivocados, y que no sabrás con qué reemplazar tus creencias presentes si éstas se derrumban.

Queremos darte confianza de que si abrazas el punto de vista preterista parcial, pronto tendrás un punto de vista victorioso, optimista, que te dará confianza y energía para vivir hoy.

Las Cosas Están Mejorando

El punto de vista futurista está profundamente entrelazado con el pensamiento de que este mundo se está poniendo de mal en peor, mientras que al mismo tiempo, está balanceándose en el borde de la destrucción. No tan solo habrá una gran caída, pero toda la humanidad caerá en pecado más profundamente. Pronto Satanás tomará control de la economía de este mundo a través del anticristo. Uno de los maestros futuristas más famosos, Jack Van Impe, advierte: "Todo el infierno se desatará en el planeta tierra – un tiempo furioso de dolor, caos, y agonía - para millones," y "las señales de caos económico global están al horizonte."[1] Hal Lindsey comienza su libro popular, *The Late Great Planet Earth*, diciéndole al lector sobre "Mundo en desorden."[2] John Hagee, uno de los personajes más fuertes de la radio y televisión promoviendo el punto de vista futurista, escribe que el mundo está "parado en el borde del Armagedón nuclear" y "titubeando en el borde de la III Guerra Mundial."[3] Tales frases e ideas empapan las enseñanzas futuristas porque su perspectiva es totalmente interdependiente con la creencia que las cosas se están poniendo peor y que el mundo está a punto de la autodestrucción.

Por lo tanto, es difícil soltar el punto de vista futurista sin soltar también el punto de vista pesimista del mundo y del futuro.

En verdad, si nos enfocamos en lo que las noticias de la televisión traen a las salas de nuestros hogares cada día, las cosas se pueden ver bastante deprimentes. Hay eventos terribles sucediendo en el mundo, la maldad es evidente. Sin embargo,

---

1 Jack Van Impe, *Millennium: Beginning or End?* (Nashville, TN: Word Publishing, 1999), pp. xvi, 1,5.
2 Hal Lindsey, *The Late Great Planet Earth* (Grand Rapids MI: Zondervan Publishing, 1975), p. 7.
3 John Hagee, *Jerusalem Countdown* (Lake Mary, FL: Frontline, 2006), pp. 6, 17.

levantémonos más alto y veamos desde una perspectiva más amplia la historia. Consideremos cuánto ha crecido el reino de Dios desde que Jesús se sentó en su trono hace dos mil años. Comparemos nuestro mundo hoy con lo que fue en el pasado.

Empieza por pintarte un cuadro de cómo era la vida en los Estados Unidos hace doscientos años. En los años tempranos de los mil ochocientos había como cinco millones de inmigrantes, pero veinte porciento de ellos eran esclavos. La edad para relaciones sexuales con consentimiento era a los nueve o diez años.[1] El aborto era legal a través de la mayoría del siglo XXI, y los registros nos dicen que más de un quinto de todos los embarazos eran abortados, con el estado de Michigan teniendo el índice más alto con treinta y cuatro porciento.[2] El alcoholismo era mucho más alto que hoy día. La cifra de prostitución también era más alta, con la ciudad de Nueva York teniendo aproximadamente una prostituta para cada sesenta y cuatro hombres; el alcalde de Savannah, GA estimó que su ciudad tenía una para cada treinta y nueve.[3] El porcentaje de americanos yendo a la iglesia era casi igual de lo que es hoy: 30 a 45 porciento.[4] Miles de personas se mudaban al Oeste, y la mayoría de ellos no tenían iglesias a donde asistir hasta años después de que se habían establecido y las comunidades se habían desarrollado. Los americanos nativos estaban siendo forzados a irse de sus tierras y en algunos casos asesinados. Decenas de miles de chinos estaban siendo traidos a la Costa Oriente de los Estados Unidos para servir como obreros forzados. Cuando el oro fue descubierto en varias regiones del Oeste,

---

1 Stephanie Coontz, *The Way We Never Were: American Families and the Nostalgia Trap* (New York: Basic Books, 1992), p. 184.
2 Ronald A. Wells, *History Through the Eyes of Faith* (New York: Harper Collins Publishers, 1989), p. 179.
3 John D'Emilio and Estelle Freedman, *Intimate Matters: A History of Sexuality in America* (New York: Harper: Harper and Row, 1988) pp. 65, 133-134.
4 Dean Merrill, *Sinners in the Hands of an Angry Church* (Grand Rapids, MI: Zondervan Publishing, 1997), pp. 96-97.

ocurrieron fiebres de oro, las cuales produjeron algunas de las más viles y peligrosas comunidades en el mundo. Mucha gente en el Oeste cargaba pistolas para protección porque el asesinato era común. A través de los Estados Unidos las mujeres no podían votar, y los hombres podían legalmente golpear a sus esposas siempre y cuando no las lisiaran o mataran. Las cosas en los Estados Unidos no eran mejores moralmente, éticamente o espiritualmente.

Claro, había hombres de Dios poniendo los cimientos del Gobierno de los Estados Unidos, pero el clima moral y ético de América era mucho más peor de lo que es hoy. Los "tiempos buenos" no eran tan buenos.

Vayamos más atrás en el tiempo y tomemos una foto del mundo entero alrededor del tiempo cuando Jesús vino como bebé. El Imperio romano dominaba la civilización centrada alrededor de Europa, el Medio Oriente y el norte de África. En Italia, aproximadamente el 40% de la población consistía en esclavos. Por todo el imperio la homosexualidad era común, especialmente entre un amo y su esclavo. La mayoría de la gente romana y griega adoraban a muchos dioses, así como Júpiter, Juno y Neptuno.

Afuera del Imperio romano, la gente en África, Asia, y Australia adoraban a la naturaleza, a los demonios y a sus propios ancestros muertos. En Norte América la gente no tenía revelación del Mesías. En Sudamérica, millones adoraban un dios sediento de sangre, y ofrecían sacrificios humanos, muchas veces llegando a miles en una sola ceremonia.

Cuando Jesús vino a la tierra, solo había una sola nación pequeña ubicada en el Medio Oriente quien tenía una revelación sobre el único Dios verdadero, y aún sus ciudadanos vivían en un tiempo de gran duda. Todo el resto del mundo estaba perdido en la oscuridad. Como escribió el apóstol Pablo:

> *"...en otro tiempo vosotros, los gentiles... en aquel tiempo estabais sin Cristo... sin esperanza y sin Dios en el*

mundo."   (Efesios 2:11-12)

Esa era la condición del mundo hace dos mil años.

Como escribió Ernest Hampden Cook en: su libro:*

> El hecho es que con lo mal que aún esté el mundo,
> sin embargo moralmente es inmensamente mejor
> que lo que fue cuando Jesús nació en Bet-el de Ju-
> dea.... Poca gente de hoy día tiene una concepción
> adecuada de la miseria y degradación cuales fuer-
> on entonces lo común en casi todo hombre, debido
> a la maldad monstruosa de los tiempos, a la guerra
> continua, a la crueldad del despotismo político, y
> de la esclavitud prevaleciente en todas partes.*

Ahora piensen cuan bendecido es el mundo hoy. El
Evangelio está siendo predicado en cada esquina del mundo. El
cristianismo está explotando en crecimiento por todo el mundo,
con más de 200,000 personas convirtiéndose como cristianos
nacidos de nuevo diariamente. En China, hay más de veinte
mil conversos por día, y en Sudamérica hay 35,0000 por día.
En conjunto, hay un total de más de un millón de personas por
semana convirtiéndose al cristianismo. La pequeña semilla que
vino a la Tierra en esa pequeña nación de Israel ha permeado en
crecimiento en la Tierra. Con más de dos billones de personas
declarando ser cristianos hoy en día, el cristianismo es el más
grande e influyente bloque de humanidad en el mundo.

¿Las cosas están mejorando? Sí, lo están. Claro, aún hay
muchas cosas trágicas sucediendo, y tenemos mucho camino
por recorrer antes de poder decir que todo es maravilloso. Pero
las cosas están mucho mejor en el mundo hoy, de lo que eran
cuando Jesús vino al mundo hace dos mil años.

Este punto de vista optimista puede ser difícil de aceptar
para los cristianos quienes han sido sumergidos en un punto

---

*Earnest Hampton Cook, *The Christ Has Come*, 1895, p.xvi.

de vista mundial pesimista. De verdad, hay muchos cristianos predicando, quienes regularmente reúnen a las tropas y motivan a la gente a la acción, enfatizando las condiciones espantosas del mundo a nuestro alrededor. Claro, los cristianos deben mantenerse vigilantes – tenemos mucho trabajo delante de nosotros – pero no debemos perder de vista el hecho de que estamos ganando campo. Jesucristo es el Señor, y el reino de Dios está avanzando.

Resumen

Mientras continúas estudiando el punto de vista preterista parcial con nosotros, aprenderás lo que decenas de miles de tus hermanas y hermanos en Cristo creen. Abrazarás un punto de vista victorioso similar al que tenían la mayoría de los líderes notables a través de la historia de la Iglesia.* Y aprenderás verdades que te darán un punto de vista optimista de la vida y el futuro.

---

*Nuevamente, queremos mencionar que no cada líder explicaría cada versículo de la misma manera en que lo hacemos nosotros, pero la idea fundamental de que la Iglesia se levantará en unidad, madurez, y gloria antes de la venida de Jesús fue la creencia común de la Iglesia histórica antes del medio del siglo veinte.

Sección 3
Mensaje Profético Dado a Daniel

Habiendo vivido cientos de años antes de que viniera Jesús al mundo, Daniel registró visiones, sueños y profecías concernientes a la venida del Mesías, los tiempos finales, el futuro de los judíos, y la venida del reino de Dios. Aquí examinaremos el mensaje divino registrado primero en Daniel capítulo 2 y luego en Daniel capítulo 9.

El Mensaje de Daniel 2

Nabucodonosor, el rey de Babilonia, tuvo un sueño en el cual Dios le reveló el futuro. Daniel pudo decirle al rey su sueño y dar su interpretación. Daniel le dijo al Rey Nabucodonosor que vio en su sueño una imagen tremenda con una cabeza de oro fino; su pecho y brazos, de plata; su vientre y sus muslos, de bronce; sus piernas, de hierro; sus pies, en parte de hierro y en parte de barro cocido. Luego Daniel le dijo al rey que en su sueño apareció una piedra y esta hirió a la imagen en sus pies, causando que se derrumbara. La imagen luego fue llevada como polvo por el viento. Finalmente, la piedra se convirtió en una gran montaña y llenó toda la tierra (Daniel 2:31-35).

Daniel luego le reveló al rey lo que significaba el sueño.

> *"Tu, oh rey, ...eres aquella cabeza de oro. Y después de ti se levantará otro reino inferior al tuyo; y luego un tercer reino de bronce...el cuarto reino será fuerte como hierro;"*
>
> (Daniel 2:37-40)

Daniel le dijo al rey que las cuatro partes de la imagen representaban a cuatro reinos, uno siguiendo al otro. Daniel también le dijo al Rey Nabucodonosor que su reino – el reino Babilónico – era el primer reino. Otros pasajes en el libro de Daniel hablan más de estos cuatro reinos. Ellos identifican el reino Medo–Persía como el segundo reino (5:28; 8:20) y el Imperio Romano como el tercer reino (8:21). Por supuesto, sabemos de la historia que hubo cuatro reinos consecutivos en esa región del mundo: el Imperio Babilónico, el Imperio Medo–Persía, el Imperio Griego, y el Imperio Romano.

Línea de Tiempo Mostrando la Revelación de Daniel 2:

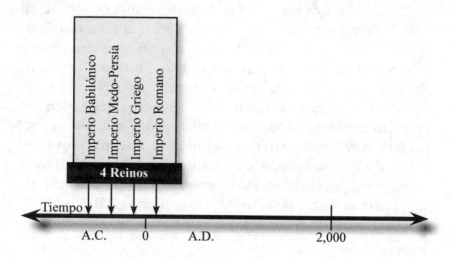

Ya sea que los lectores crean en el punto de vista futurista o el punto de vista preterista parcial, ambos estarán de acuerdo en que Dios le reveló a Daniel que habría estos cuatro reinos terrenales.

Daniel luego explicó de la piedra en el sueño de Nabucodonosor, la cual desmenuzó esos reinos y creció en una montaña que llenó la tierra.

> *"Y en los días de estos reyes el Dios del cielo levantará un reino que no será jamás destruido, ni será el reino dejado a otro pueblo; desmenuzará y consumirá a todos estos reinos, pero él permanecerá para siempre."*
>
> (Daniel 2:44)

Daniel reveló que la piedra vendría a la tierra, y desmenuzaría a todos los otros reinos, y traería el reino de Dios. Luego el reino de Dios crecerá como una montaña que llena la tierra.

Ya sea que los lectores crean en el punto de vista futurista o en el punto de vista preterista parcial, ambos estarán de acuerdo que la Roca es Jesucristo viniendo al mundo para establecer el reino eterno de Dios, y que ese reino reemplazaría todos los demás reinos. Los dos puntos de vista están en desacuerdo en lo concerniente a *cuándo* vendrá la Roca al mundo y *cuándo* se establece el reino de Dios. Por favor permítanos explicar.

Entendimiento Futurista de Daniel 2

Los maestros futuristas dicen que el reino de Dios vendrá a la tierra en el futuro. Ellos dicen que en la segunda venida de Jesucristo, después de siete años de tribulación, Jesús traerá el Reino del cielo a la tierra. Entonces el reino de Dios se mantendrá en la tierra por mil años.

Línea de Tiempo de Daniel 2
Según el Punto de Vista Futurista:

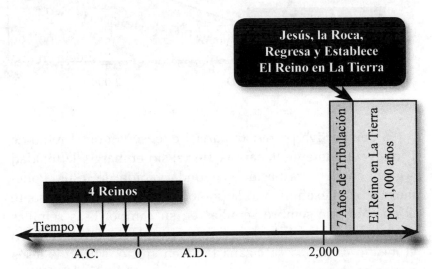

Punto de Vista Preterista Parcial de Daniel 2:

Aquellos que sostienen el punto de vista preterista parcial creen que Jesús fue entronado sobre el reino de Dios hace 2,000 años cuando ascendió al cielo y se sentó a la diestra de Dios. Desde ese día el reino ha estado creciendo en la tierra, y eventualmente llenará toda la Tierra, como lo hizo la montaña en el sueño de Nabucodonosor.

Línea de Tiempo de Daniel 2
Según el Punto de Vista Preterista Parcial:

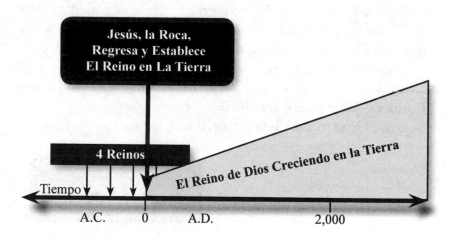

La perspectiva preterista parcial te enseña que el reino de Dios eventualmente llenará la Tierra; sin embargo, la maldad seguirá en la tierra hasta la segunda venida de Jesús. Podemos ver esto examinando la parábola de nuestro Señor sobre el hombre que sembró semillas en su campo. Esas semillas crecieron a su madurez, pero un enemigo sembró cizaña en el mismo campo, y la cizaña también creció. Mientras Jesús explicaba esta parábola a sus discípulos, se hizo claro que tanto el bien como el mal están creciendo en la tierra. Pero ambos el bien y el mal serán permitidos crecer juntos hasta el día que Jesús regrese y los separe el uno del otro (Mateo 13:24-43).

En otra parábola, Jesús comparó el reino con una semilla de mostaza creciendo como el árbol mayor de las hortalizas. En una manera similar, el reino de Dios ha estado creciendo en la tierra y un día será el más grande, la entidad de influencia mayor en la tierra, aunque habrá otras plantas que no son del reino de Dios (Mateo 13:31-32).

Esto es exactamente lo que vemos sucediendo históricamente desde que Jesús se sentó en su trono. El cristianismo comenzó en una región pequeña en el Medio Oriente con un líder y doce seguidores. Hoy, dos mil años después, es la religión más grande cubriendo la faz de la tierra. De siete billones de personas, más de dos billones dicen ser cristianos hoy.

El Reino de Dios Destruye el Imperio Romano

La interpretación de Daniel del sueño del rey revela que la Roca viene a la tierra en el tiempo del cuarto reino, el cual es el Imperio romano. La Roca crece a ser el Reino de Dios y destruye el imperio romano.

Como el punto de vista futurista enseña que el reino de Dios vendrá a la tierra en la segunda venida de Jesús, deben identificar que algún Imperio Romano estará en posición de gobierno en el tiempo que regrese Jesús. Algunos maestros futuristas dicen que deberá haber un avivamiento del imperio romano en la tierra en ese tiempo. Algunos maestros están viendo las Naciones Unidas, la Unión Europea, o alguna Confederación de las Naciones Musulmanas como el Imperio romano restablecido. Otros dicen que la Iglesia católica romana es el Imperio romano que la Roca pronto vendrá a demoler.

Como los maestros futuristas ven al anticristo jugando un

101

papel central en los últimos tiempos, ellos típicamente ponen a ese gobernante malvado como cabeza o en un lugar de gran influencia en el reino romano, el cual será destruido por la Roca. Esa creencia los deja muy críticos y sospechosos de la Iglesia católica romana o de cualquiera entidad gubernamental romana que pueda estar en el poder al tiempo del regreso de nuestro Señor.

En contraste, maestros preteristas parciales no están buscando el avivamiento del Imperio romano. Los creyentes creen que la Roca ya vino y estableció el reino de Dios durante el primer siglo cuando el Imperio romano realmente estaba en el poder.

Resumen de Daniel 2

Si abrazas el entendimiento preterista parcial de Daniel 2, creerás que el reino de Dios fue establecido cuando Jesús vino a la tierra hace dos mil años. No estarás buscando un Imperio romano renacer. No estarás sospechando viendo varios gobiernos asociados con el área del mundo donde Roma alguna vez gobernó, ni estarás sospechando que la Iglesia católica romana será ese Imperio romano. La Roca que vino a la tierra hace dos mil años causó el derrumbe del Imperio romano exactamente como las palabras de Daniel lo revelaron.

Si abrazas el punto de vista preterista parcial, comprenderás que es posible experimentar y caminar en el reino de Dios hoy. Ese reino consiste en *"justicia, paz y gozo en el Espíritu Santo"* (Ro. 14:17). Mientras buscas primeramente el reino de Dios, experimentarás las bendiciones de Dios a través de las cuales *"todas las cosas* (comida, ropa, y otras provisiones) *serán añadidas"* (Mateo. 6:33).

Muchos cristianos que creen en el punto de vista futurista declaran estos beneficios pero luego un momento más tarde enseñan que el reino de Dios no estará disponible hasta la segunda venida de Jesús. Por lo cual, vacilan entre las dos creencias.

Si abrazas el punto de vista preterista parcial, estarás confiadamente buscando el crecimiento del reino de Dios – avanzando cada día - Cuando Jesucristo regrese sojuzgará todo remanente de maldad y establecerá su perfecta voluntad por el mundo. Como el reino de Dios está avanzando progresivamente en la tierra, puedes confiadamente decir que el reino de Dios está aquí, y que está creciendo.

El Mensaje de Daniel 9

En el libro de Daniel capítulo 9, leemos que él está orando por su gente, los judíos. En ese tiempo, los judíos estaban en cautividad en Babilonia. Su ciudad santa, Jerusalén, estaba en ruinas. Daniel sabía que Dios libraría a su gente de la esclavitud, pues así lo había prometido por los profetas (Dn. 9:2). Daniel confesó los pecados de su gente y pidió misericordia (9:3-19). Entonces, Dios envió al ángel Gabriel a Daniel, y le dijo lo que pasaría en el futuro.

Las palabras que Gabriel declaró revelaron el futuro de los judíos y de Jerusalén, además de unos hechos significantes sobre el futuro de todo el mundo. Sin embargo, las palabras de Daniel son entendidas de manera diferente por aquellos que sostienen el punto de vista futurista y aquellos quienes creen en el punto de vista preterista parcial.

Setenta Semanas para los Judíos y Jerusalén

La declaración de Gabriel sobre el futuro comenzó así:

"Setenta semanas han sido decretadas sobre tu pueblo y sobre tu santa ciudad, para poner fin a la transgresión, para terminar con el pecado, para expiar la iniquidad, para traer justicia eterna, para sellar la visión y la profecía, y para ungir el lugar santísimo."

(Dn. 9:24)

Ya sea que los cristianos se sostengan al punto de vista futurista o al preterista parcial, ambos estarán de acuerdo sobre el significado de este versículo: Dios había decretado que los judíos y su ciudad santa, Jerusalén, iban a experimentar setenta semanas del favor de Dios, durante ese tiempo Dios cumpliría las profecías y promesas que previamente les había dado.

Ambas perspectivas - la de maestros futuristas y la de preteristas parciales, sostienen que la promesa de Dios de *"setenta semanas"* es igual a 490 años. Esto es porque hay siete días en una semana, y setenta veces siete es igual a 490. Un estudio del lenguaje profético de ese periodo de tiempo nos lleva a entender estos como años (vea Gn. 29:27; Lv. 25:8; Nm. 14:34; Ez. 4:4-6); por lo tanto, a los judíos les fueron prometidos 490 años del favor de Dios. Claro, mientras aplicamos este periodo de tiempo a los hechos reales históricos, revela algunas predicciones – obviamente divinas – extraordinarias que valen la pena nuestra atención.

Mientras Gabriel sigue hablando a Daniel, dividió los 490 años en tres periodos. Primero, habló sobre siete semanas (siete veces siete, o 49 años), y luego sesenta y dos semanas (62 por siete, o 434 años). Finalmente, habló sobre la semana final (siete años). Juntos estos tres periodos son 490 años en total.

Las Primeras Sesenta y Nueve Semanas

Considere la declaración de Gabriel concerniente a las primeras 69 semanas (7 semanas y 62 semanas en suma).

> *"Has de saber y entender que desde la salida de la orden para restaurar y reconstruir a Jerusalén hasta el Mesías Príncipe, habrá siete semanas y sesenta y dos semanas; volverá a ser edificada, con plaza y foso, pero en tiempos de angustia."*

(Dn. 9:25)

Gabriel dio un tiempo preciso para la venida del Mesías. El dijo que de la orden para restaurar y edificar a Jerusalén hasta el Mesías, habría 7 semanas mas 62 semanas, esto es, 69 semanas o 483 años.

En el año 457 a.c., Artajerjes, el rey de Persia, declaró que los judíos eran libres para regresar a su tierra y restaurar y edificar Jerusalén y el templo (Esd. 7:12-26). Si sumamos cuatrocientos ochenta y tres años a esa fecha, llegamos al año 27 d.C. *

Los historiadores nos dicen que Jesús nació en el 4 a.c., lo cual significa que él tenía 30 años en el 27 d.C. * Ese fue el año en que Jesús fue bautizado en agua y una voz salió de los cielos diciendo, *"Este es mi Hijo amado, en quien tengo complacencia"* (Mat. 3:17). Después de un periodo de ayuno en el desierto, Jesús se reveló como el Mesías y comenzó su ministerio público.

Línea de Tiempo Mostrando los 483 Años Entre la Declaración y el Mesías:

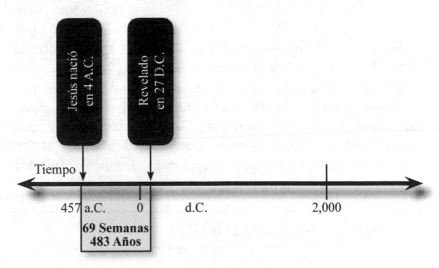

* Este año de nacimiento 4 d.C. comúnmente es citado por historiadores porque cometieron errores en nuestro calendario moderno (establecido por primera vez en 525 d.C.) Mateo 2:1 nos dice que Cristo nació durante el reinado de el rey Herodes quien murió en 4 d.C.

De verdad, hubo 483 años entre la declaración para restaurar y edificar Jerusalén y la revelación del Mesías. La profecía de Gabriel fue asombrosamente exacta y debe haber sido inspirada por Dios, viendo como fue dada cinco y medio siglos antes de que viniera Jesús al mundo.

Gabriel continuó declarando lo que sucedería después de la venida del Mesías.

> *"Después de las sesenta y dos semanas el Mesías será muerto y no tendrá nada, y el pueblo del príncipe que ha de venir destruirá la ciudad y el santuario. Su fin vendrá con inundación; aun hasta el fin habrá guerra; las desolaciones están determinadas."*

(Dn. 9:26)

Cómo este versículo nos dice que a Jesús le fue "quitada la vida". Fue condenado a la muerte.

Luego, Gabriel dijo que el pueblo de un príncipe (los romanos) vendría y destruiría la ciudad y el santuario. Note cuan similar son las palabras de Gabriel a las palabras que utilizó Jesús en Mateo 24 y en Lucas 21: desolación, el fin, y la destrucción como una inundación. Como explicamos antes, Jerusalén y el templo fueron destruidos en el 70 d.C.

La Semana Setenta de Daniel

En general, ambos, o sea maestros futuristas y preteristas parciales, están de acuerdo en cómo entender las primeras 69 semanas (483 años) del favor de Dios. Es la semana faltante (siete años) sobre la cual están en desacuerdo. Ellos tienen maneras diferentes de entender de lo que ahora se conoce como la "semana setenta de Daniel."

Aquellos que se sostienen en el punto de vista futurista creen que Dios aún no les ha dado a los judíos sus últimos siete años de favor, y que, por lo tanto, ellos concluyen que la semana setenta de Daniel vendrá en el futuro. Los preteristas parciales, por el otro lado, enseñan que la semana setenta de Daniel ya ocurrió, y que, por lo tanto, no estamos aún esperando que suceda. Permítenos explicar más allá estos entendimientos diferentes.

El Punto de Vista Futurista de la Semana Setenta de Daniel

Los maestros futuristas dicen que antes del fin del mundo, Dios regresará su favor a los judíos y les permitirá regresar a la tierra prometida. Entonces, se les dará siete años de favor, durante ese tiempo Dios les cumplirá sus promesas faltantes, incluyendo la de elevarlos como nación, como una gran autoridad en el mundo. Durante ese tiempo los judíos edificarán el templo en Jerusalén y restaurarán su sistema religioso antiguo de ofrecer sacrificios.

Con esa imagen de la nación Judía levantándose, los maestros futuristas insertan el último versículo de Daniel 9.

> *"Y él hará un pacto firme con muchos por una semana, pero a la mitad de la semana pondrá fin al sacrificio y a la ofrenda de cereal."*
>
> (Dn. 9:27)

Predicadores futuristas entienden que el pronombre "él" mencionado en este versículo se refiere al anticristo quien, en algún punto del futuro, hará un pacto con los judíos, prometiéndoles paz y seguridad. El pacto marcará el comienzo de la semana setenta de Daniel. Pero en medio de ese periodo de siete años – esto es, tres años y medio en el camino – el anticristo romperá su pacto, irá en contra de los judíos, y pondrá fin a su práctica religiosa de ofrecer sacrificios a Dios. Los maestros futuristas entienden que Dios entonces empezará a derramar su ira sobre el mundo, destruyendo una gran parte, pero mayormente destruirá al anticristo y a todos aquellos que lo sigan.

Los futuristas ven un hueco enorme – aproximadamente dos mil años – entre las 69 semanas y la semana setenta del favor de Dios para los judíos. Ellos explican que entre esos dos periodos Dios se ha estado enfocando y tratando con los gentiles, pero en el mismo punto en el futuro, regresará su atención a los judíos y cumplirá sus promesas a ellos.

Línea de Tiempo Mostrando el Punto de Vista Futurista de la Semana Setenta de Daniel:

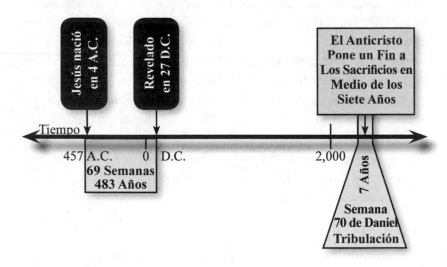

Punto de Vista Preterista Parcial de la Semana Setenta de Daniel

El punto de vista preterista parcial ofrece un entendimiento muy diferente de la semana setenta de Daniel. En vez de insertar dos mil años entre la semana 69 y la semana 70, ellos no ven ningún hueco. Los maestros explican que en Daniel 9, no se habla de ningún hueco ni hay ninguna implicación de un hueco. La leída natural de Daniel 9 nos lleva a creer que la semana 70 sigue inmediatamente de la semana 69.

Esta perspectiva también ha sido el entendimiento de la Iglesia histórica. La mayoría de nuestros antepasados no vieron un hueco entre las 69 semanas y la semana 70 de Daniel.

Agustín

Pues no supongamos que la computación de las semanas de Daniel fueron interferidas con... o que no estaban completas, pero tenían que estar completadas después en el fin de todas las cosas, pues Lucas testifica de la manera más sencilla que la profecía de Daniel fue cumplida en el tiempo cuando Jerusalén fue destronada.

(*Epistle of Agustín*, 199:31, citado en Thomas Aquinas' *Golden Chain*, 1956)

Si los últimos siete años del favor de Dios sobre los judíos comenzaron inmediatamente después de las 69 semanas, entonces comenzó en el 27 d.C., el año en que Jesús fue bautizado y comenzó su ministerio público.

Si decimos que el año 27 d.C. es el comienzo de la semana setenta de Daniel, entonces debemos explicar como Dios cumplió las palabras de Gabriel cuando dijo, *"a la mitad de la semana hará cesar el sacrificio y la ofrenda.*" Maestros preteristas parciales dicen que el "él" en este versículo habla de Jesucristo y no del anticristo. En los dos versículos anteriores (Dan. 9:25, 26), el Mesías fue el tema principal, y por lo tanto es razonable pensar que en el siguiente versículo "él" se refiere al Mesías.

Para ver el cumplimiento de esto, note que el ministerio público de Jesús duró tres años y medio.

Eusebio

Ahora el periodo completo de las enseñanzas y obras de milagros de nuestro Señor son dichos haber sido en un periodo de tres años y medio, el cual es media semana. Juan el evangelista, en su evangelio deja esto claro al atento.

(*The Proof of the Gospel*, 1920, VIII:II)

Al cabo de esos tres años y medio Jesús dio su propia vida en la cruz. En la Pascua judía, Jesús compartió la última cena con sus discípulos, durante la cual él tomó el pan y dijo, *"esto es mi cuerpo,"* y luego tomó la copa y dijo, *"esta copa es el nuevo pacto en mi sangre;"* (1 Co. 11:24-25). Después de haber compartido esa cena, Jesús cumplió sus palabras muriendo en la cruz. En ese tiempo, él puso fin a los sacrificios y la ofrenda. Como el escritor de Hebreos explicó, Jesús hizo obsoleto el sistema religioso judío. Un Pacto Nuevo fue establecido, y el sistema antiguo fue abolido. Una vez hecho el máximo sacrificio, no había necesidad para cualquier otro sacrificio (Hechos 8-9).

Noten cuan diferente es este entendimiento del punto de vista futurista. Ellos buscan al anticristo para poner un fin a los sacrificios de sangre de animales practicados por los judíos algún día en el futuro. Los preteristas parciales creen que Jesús puso fin a esos sacrificios aproximadamente hace dos mil años.

Eso explica sobre los primeros 3.5 años de la semana setenta de Daniel, pero ¿qué de los últimos tres años y medio? Los judíos debían experimentar el favor de Dios y el cumplimiento de sus promesas por un periodo de siete años. De verdad, ellos tenían al Mesías entre ellos por los tres primeros años y medio, ¿pero qué de los tres años y medio después de la muerte de Jesús?

Si sumamos tres años y medio al momento cuando Jesús fue crucificado, llegamos a otro evento histórico. Aunque no puede ser comprobado, muchos creen que fue el año en que San Esteban fue apedreado a muerte (Hechos 7:50-60). Después de que Esteban dio una presentación clara de quien fue Jesús, los líderes religiosos rechazaron al Mesías. Este evento fue especialmente significante porque el sumo sacerdote fue entre los que rechazaron a nuestro Señor (Hechos 7:1).

Dentro de poco, Jesús se reveló a Saulo en una luz resplandeciente (Hechos 9:1-6). Jesús le cambió el nombre de Saulo por el de Pablo y le dijo que fuera a predicar a los gentiles (Hechos 26:15-18). En un tiempo corto después de esa aparición, Dios habló a Pedro y le dio una visión en la cual todo tipo de animales le fue presentado. *"Y le vino una voz: Levántate, Pedro, mata y come."* (Hechos 10:13). En un principio Pedro se rehusó porque era fiel a las leyes judías concernientes a comer animales inmundos. Después de haber meditado en la visión y haber sido testigo de un grupo de gentiles de recibir el favor de Dios, Pedro se dio cuenta que Dios estaba declarando que ya ninguna gente – incluyendo los gentiles – serían considerados inmundos (Hechos 10:28).

¿Qué significa todo esto? En el principio del libro de Hechos, los discípulos presentaron las verdades de Jesucristo solamente a los judíos, pues como Pablo les dijo a los judíos, *"a la verdad era necesario que se os hablase primero la palabra de Dios;"* (Hechos 13:46). Sin embargo, después de tres años y medio, Dios habló tanto a Pablo y a Pedro, diciéndoles que ahora debieran presentar el evangelio a todo el mundo.

Es con este entendimiento que vemos el cumplimiento de la semana setenta de Daniel. Comenzando el día que Jesús se reveló en el 27 d.C., a los judíos les fue dado siete años de favor: tres y medio de ellos durante los cuales Jesús caminó entre ellos, y luego los otros tres y medio durante los cuales los discípulos predicaron las buenas nuevas a los judíos. Los judíos recibieron el favor más grande de Dios jamás extendido a la humanidad en lo que ellos fueron los primeros en ser expuestos al Mesías, el Salvador del mundo. Además, fueron los primeros en oír las buenas nuevas predicadas a ellos. De verdad, ellos fueron escogidos por Dios para ser el pueblo del cual vino el Mesías al mundo, y ellos fueron los más privilegiados de todas las naciones porque Dios primero les ofreció la salvación a ellos.

Línea de Tiempo Mostrando el Punto de Vista Preterista Parcial de la Semana Setenta de Daniel:

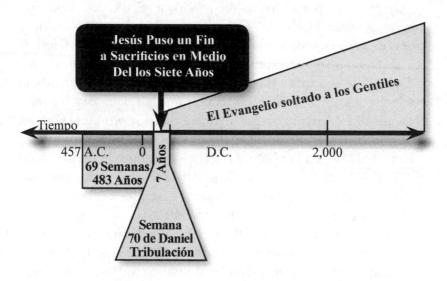

Resumen de Daniel 9

Si aceptas el entendimiento de Daniel 9 que acabamos de explicar, verás que las 70 semanas en total del favor de Dios sobre los judíos fueron cumplidas hace casi dos mil años. Vean otra vez las palabras iniciales de la profecía de Daniel y cuan hermosamente fueron cumplidas. Gabriel dijo:

> *"Setenta semanas han sido decretadas sobre tu pueblo y sobre tu santa ciudad, para poner fin a la transgresión, para terminar con el pecado, para expiar la iniquidad, para traer justicia eterna, para sellar la visión y la profecía, y para ungir el lugar santísimo."*
>
> (Daniel 9:24)

Las más grandes y maravillosas profecías jamás dadas a los judíos fueron aquellas pertinentes a la venida del Mesías. Cuando Jesús vino, les fue dada a los judíos la oportunidad de aceptarlo o rechazarlo. Les fue dada la oportunidad de *"terminar la prevaricación, y poner fin al pecado, y expiar la iniquidad, (y) para traer la justicia perdurable."* Sin embargo, no reconocieron a Jesús, el Mesías, a quien Dios había prometido mandarles. Por lo tanto, las setenta semanas judías del favor de Dios ya terminaron.

Esto incluye la semana 70 de Daniel. Esos siete años finales del favor de Dios comenzaron cuando Jesús comenzó su ministerio público, y terminó cuando el sumo sacerdote rechazó el mensaje predicado por Esteban.

Resumen

Si llegas a creer la vista del preterista parcial tocante a Daniel 2 y 9, entonces abrazarás muchas ideas que pueden ser nuevas para ti, pero hay dos puntos claves.

Primero, entenderás que el reino de Dios puede ser experimentado por los cristianos, ya. El reino está creciendo en la tierra y vendrá sobre la tierra en su total poder en la segunda venida de Jesús.

Segundo, te darás cuenta que no habrá un periodo de siete años de favor para los judíos viniendo en el futuro. En la sección 5, discutiremos como los judíos aún tienen la promesa de Dios para un avivamiento espiritual; sin embargo, las setenta semanas de Daniel ya pasaron.

Sección 4
Comprendiendo el Libro de Apocalipsis

En esta sección estudiaremos la perspectiva preterista parcial del libro de Apocalipsis. Veremos que una porción de Apocalipsis ya fue cumplida y el resto falta por cumplirse. No examinaremos cada versículo, pero sí trabajaremos progresivamente por pasajes claves que nos permiten verlo no como un libro de la destrucción de Dios sobre un mundo malvado, sino como una descripción del Reino de Dios, expandiéndose sobre el mundo entero y Jesucristo siendo revelado en gloria.

Antes de proceder, es de ayuda reconocer el título apropiado del libro que estamos estudiando. Es el libro de *Apocalipsis* que traducido literalmente del griego (apocálypsis), es una divulgación de los conocimientos, es decir, un levantamiento del velo o una revelación. Se traduce en inglés como Revelation.

Esto es importante porque fue escrito para ser la revelación (forma singular) de Jesucristo. No es un libro enfocado en revelaciones de destrucción, ni las revelaciones del anticristo. Es un libro para revelar que Jesucristo es Rey de todo. Es La Revelación.

Introducción a Apocalipsis

Los futuristas y los preteristas parciales generalmente están de acuerdo con los primeros tres capítulos de Apocalipsis. Ellos reconocen el capítulo 1 como un registro del encuentro de Juan con Jesús. Capítulos 2 y 3 son siete cartas escritas a las siete iglesias. Los maestros futuristas y preteristas parciales están en desacuerdo concerniente al resto del libro de Apocalipsis: del capítulo 4 al final.

La Comprensión Futurista

Los futuristas creen que los capítulos 4 a 22 de Apocalipsis se cumplirán en el futuro. En particular el juicio que se describe en Apocalipsis 4 al 18 se llevará a cabo durante el periodo de los siete años de tribulación. Después de eso, ellos visualizan un reinado de Jesucristo por 1,000 años en nuestra tierra, y esto será seguido con una nueva creación del cielo y la tierra.

La Perspectiva Futurista del Libro de Apocalipsis:

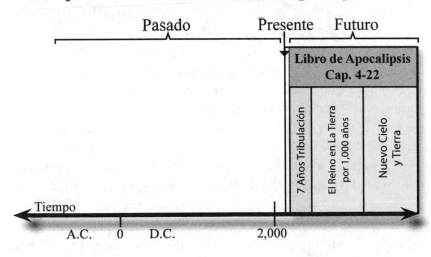

Diferentes maestros futuristas hacen modificaciones menores en este punto de vista. Por ejemplo, algunos maestros ubican el cielo nuevo y la tierra nueva durante los mil años del reinado de Jesús. Otra variación tiene que ver con cuándo ubicar el rapto de la Iglesia al cielo: algunos futuristas proponen que el rapto sucederá al principio de la tribulación, otros demás la ubican durante la tribulación y aún otros la ven después de los siete años de tribulación. Otras modificaciones menores son numerosas, pero el punto central es que los futuristas ven casi todo el libro de Apocalipsis (cap. 4 al final) siendo cumplido en nuestro futuro, con los capítulos 4 al 18 condensados en una tribulación de siete años que comienza en algún punto indefinido en el futuro.

La Comprensión del Preterista Parcial

En contraste, los preteristas parciales creen que la mayor parte del libro de Apocalipsis ya se ha cumplido. Para apoyar su argumento, señalan las referencias temporales en el texto bíblico. Por ejemplo, Jesús comienza el libro por decir que él va a revelar *"cosas que deben suceder pronto"* (Ap. 1:1). Jesús no estaba revelando cosas que sucederían cientos o miles de años después. Él revelaba cosas que empezarían a desarrollarse en las vidas de los lectores originales. Para que la gente no racionalice que pronto no quiere decir pronto, podemos notar que Jesús volvió a enfatizar esto diciendo: *"el tiempo está cerca"* (Ap. 1:3). Los cristianos con una vista preterista parcial de este libro toman estas palabras literalmente y comprenden que todo lo que Juan vio y reportó comenzó durante el curso de vida de Juan, en el primer siglo.

Hay variaciones entre diferentes maestros, pero la mayoría de los preteristas parciales dicen que el Apocalipsis se desarolló desde la vida de Juan para adelante. Esta visto, que el libro de Apocalipsis se desarrolla durante el curso de la historia, está catalogando los círculos teológicos como la *perspectiva historicista*. Ésta es la vista que se presenta en las siguientes páginas.

La Comprensión Historicista del Libro de Apocalipsis:

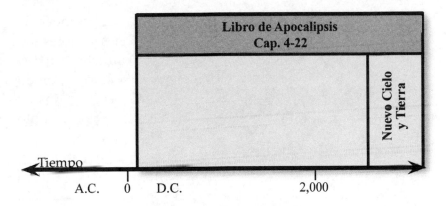

Este entendimiento historicista fue la perspectiva más predominantemente sostenido por los líderes de la Reforma Protestante. Ellos tal vez no explicaron cada pasaje en la manera que nosotros lo haremos en las siguientes páginas,* pero líderes como Lutero, Knox, Calvin y Huss entendieron que el libro de Apocalipsis era una imagen del plan de Dios desarrollándose a través del curso de la historia, y no condensado en una futura tribulación de siete años. La perspectiva historicista era tan común durante la Reforma Protestante que se refería como "el punto de vista Protestante."

---

* La distinción más obvia entre el punto de vista historicista presentado aquí y el de los reformadores protestantes es en su ansia de ver a la Iglesia Católica Romana y a los papas como los poderes malvados y como los individuos mencionados en la Revelación.

¿Cuándo Escribió Juan El Apocalipsis?

El punto de vista historicista ve que los primeros juicios descritos en el libro de Apocalipsis pasaron a los judíos y Jerusalen en 70 d.C. Juan fue llevado al cielo como está registrado en Ap. 4:1. Luego Juan pudo ver la sala del trono de Dios en los capítulos 4 al 6. Luego, Juan vio los juicios de Dios viniendo sobre la tierra, con el primero de los juicios sobre los judíos. Esa primera serie de juicios vino sobre Jerusalén en el 70 d.C. Pero muchos maestros cristianos dicen que el libro de Apocalipsis fue escrito alrededor del 96 d.C.. Si en efecto no fue escrito hasta el fin del primer siglo, ¿cómo podemos decir que el libro de Apocalipsis habla proféticamente de la destrucción de Jerusalén? Vale la pena contestar esta pregunta vale antes de que examinemos el texto.

La razón principal por la cual algunos maestros de la Biblia declaran que el libro de Apocalipsis fue escrito alrededor del 96 d.C. es porque Juan anotó en el capítulo 1, versículo 9, que estaba en la isla de Patmos en el momento en que recibió la Revelación. Hay algo de evidencia histórica de que Juan fue exiliado a Patmos bajo el reino de Domiciano entre 81 y 96 d.C. Por lo tanto, el libro debió haber sido escrito más o menos en ese tiempo -- o así lo declaran algunos maestros bíblicos.

En realidad, hay muchos documentos históricos que nos dicen que Juan fue exiliado a Patmos en una fecha más temprana. Por ejemplo, tenemos el testigo de una de las versiones más antiguas del Nuevo Testamento llamado *El Siríaco*. La versión siríaca del segundo siglo, llamada el *Peshito*, dice lo siguiente en la portada del libro de Apocalipsis:

> La Revelación la cual fue dada por Dios a Juan el Evangelista en la isla de Patmos, en la cual fue arrojado por el César Nerón[1]

Sabemos que César Nerón gobernó sobre el imperio romano del 54 a 68 d.C. Por lo tanto, Juan tuvo que haber estado en la isla de Patmos durante este periodo más temprano.[1]

Tertulian de manera similar ubica a Juan en la isla de Patmos durante el gobierno de Nerón, diciendo que Juan fue hervido en aceite en Roma y luego enviado lejos.

Tertullian

Roma... donde Pedro tuvo una pasión similar con el Señor; donde el Apóstol Juan fue hundido en aceite, y no sufrió nada, y fue después exiliado a una isla.

(*Exclusion of Heretics* 36. Dec. 1, 07,)
http://www.preteristarchive.com/StudyArchive/t/tertullian_premillenialist_html)

También tenemos los escritos de Epiphanius (c. 315-403), los cuales declaran que Juan fue el primero encarcelado bajo Claudio, quien gobernó del 41 al 54 d.C.[2]

Debe haber sido en uno de estos periodos más tempranos cuando Juan recibió la Revelación. La confirmación se demuestra en el capítulo 11, cuando Juan fue instruido a medir el templo en Jerusalén. Sabemos que fue el verdadero templo físico porque al final del capítulo nos es dicho sobre un templo celestial que reemplaza al templo terrenal. El templo terrenal fue destruido en el 70 d.C., y como Juan lo tuvo que medir, sabemos que el libro tuvo que haber sido escrito antes de que sucediera la destrucción.

Hay razones adicionales para creer que Juan escribió el Libro

---

[1] Moses Stuart, *Commentary on the Apocalypse* (1845), Vol. I, p. 267; Kurt Simmons, *The Consummation of the Ages* (Carlsbad, NM: Bimillennial Preterist Association, 2003), pp. 17-18.
[2] Epiphanius, *The Panarion of St. Epiphanius of Salamis,* Frank Williams, trans. (New York: E.J. Brill, 1987), pp. II, 12, 33.

de Apocalipsis en una fecha temprana, pero no las haremos expuesta aquí. David Currie, en su libro excellente llamado *Rapture* ofrece un discurso mas profundo tocante al tema. Así también Kurt Simmons, en su libro *The Consumation of the Ages*, explica esto de manera académica.

---

* Citado en Kurt Simmons, *The Consummation of the Ages* (Carlsbad, NM: Bimillennial Preterist Association, 2003). P. 13.

Visión de Conjunto sobre Apocalipsis

El capítulo 1 de Apocalipsis es una introducción en donde Jesús se revela a Juan. Jesús también declaró el propósito de su aparición: *"para manifestar a sus siervos las cosas que deben suceder pronto"* (Ap. 1:1). Entonces Jesús comisionó a Juan para escribir las cosas a revelar (Ap. 1:19).

No examinaremos el capítulo 1 más porque los dos puntos de vista, preterista parcial y futurista, están de acuerdo en su contenido y significado directo. El único asunto que causa discordia es el significado de la palabra "pronto." Los preteristas parciales dicen que los eventos profetizados en el libro de Apocalipsis comenzaron a desarrollarse durante el tiempo de vida de Juan en el primer siglo. En cambio, los futuristas dicen que esos eventos profetizados no se cumplirán hasta por lo menos dos mil años más tarde.

Los capítulos 2 y 3 son siete cartas a las siete iglesias que existieron en el primero y el segundo siglo. Para cada iglesia Jesús tenía un mensaje para que Juan entregara.

En los capítulos 4 y 5, leemos que Juan fue llevado al cielo para ver la sala del trono de Dios. Allí Jesús estaba sentado a la diestra del Padre y fue revelado como Él que es digno.

En los capítulos 6 al 18, el reino de Dios es progresivamente extendido por todo el mundo hasta que todos los reinos de este mundo sean reinos de nuestro Dios. La mayor parte de nuestra exposición será seguir explicando la expansión de este reino.

Dentro de esta expansión del reino, hay tres profecías mayores de juicio que se tenían que cumplir. El primero tenía que ver con los judíos: el reino siendo quitado de ellos (Mateo 21:33-43) y Jerusalén siendo destruida (Mt. 23:34-38). Veremos este primer juicio mientras estudiamos los capítulos 7 al 11.

Segunda, hay un juicio sobre el Imperio Romano que tenía

que cumplirse para la expansión del reino de Dios. Como estudiamos antes (sección 3), Daniel escribió que la Roca vendría a la tierra y destrozaría a todos los demás reinos (Dn. 2:31-45). Esa Roca ya vino - hace dos mil años - y desmenuzó al Imperio Romano. Veremos este juicio mientras estudiamos Apocalipsis 12 al 14.

Tercera y final, veremos que el reino de Dios debe expandirse hasta que llene la tierra entera como profetizó Daniel (Dn. 2:35, 44).

El Entendimiento Historita del Libro de Apocalipsis:*

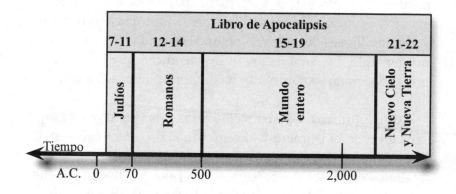

Estos tres eventos profetizados – respecto a los judíos, a los romanos, y luego al mundo entero – no fueron profecías menores insignificantes. Fueron y son centrales a las Escrituras y al establecimiento del reino de Dios. A través del libro de Apocalipsis veremos a Dios extendiendo progresivamente el dominio de su reino sobre la tierra. Es una toma de poder del reino en proceso, donde los reinos de este mundo están convirtiéndose en reinos de nuestro Dios.

Capítulo 19 nos muestra la segunda venida de Jesús y el casamiento del Cordero y la Novia.

Capítulo 20 nos muestra el reino de Jesucristo y su juicio

final sobre los malvados.*

Capítulo 21 y 22 describe las recompensas para aquellos quienes su nombre está escrito en el Libro de la Vida. Habrá un cielo nuevo y una tierra nueva. En medio de esa revelación, la Nueva Jerusalén se baja a la tierra, de donde Jesús gobernará para siempre. ¡Aleluya!

Esto es lo que veremos mientras trabajemos progresivamente por los capítulos de Apocalipsis. Comencemos con Apocalipsis capítulos 2 y 3.

---

* Nuevamente aclaramos que aún no estamos hablando sobre el milenio, porque más tarde (pp. 221-230) le presentaremos dos puntos de vista parcial preteristas diferentes del milenio.

Apocalipsis 2 y 3:
Siete Cartas a las Siete Iglesias

En los capítulos 2 y 3 de Apocalipsis, Juan registró siete cartas a siete iglesias por instrucción de Jesús. Nuestro Señor comenzó cada carta por declarar quien es él y su conocimiento de lo que cada una de ellas estaban experimentando: *"yo conozco tus obras;" "y tu tribulación, y tu pobreza;" "y donde moras."* Jesús sabe, y a él le importa.

Estas cartas fueron escritas a iglesias verdaderas que existían en Asia Menor durante el tiempo de la vida de Juan De hecho, tenemos evidencia histórica de que cada una de estas iglesias existían en el primer siglo. Claro que nosotros podemos aprender de esos mensajes y aplicarlos a nuestras vidas hoy. Jesús aún nos alentó para hacerlo al terminar cada carta diciendo: *"Él que tiene oído, oiga lo que el Espíritu dice a las iglesias."* Debemos poner atención especial a lo que Jesús les dijo a las iglesias. Sin embargo, también debemos mantenerlas en su contexto histórico, dándonos cuenta que fueron escritas a iglesias verdaderas que existieron durante el tiempo de vida de Juan.

Varios predicadores futuristas han enseñado que las siete iglesias representan siete periodos de tiempo esparcidos a través de los últimos dos mil años: la primera iglesia siendo la iglesia del primer siglo, la segunda iglesia siendo la iglesia del segundo y tercer siglos, y así continúa, con la última iglesia siendo nuestra iglesia moderna. Como la última carta esta dirigida a la iglesia Laodicea, y a la cual le es dicho "tibio" y es severamente reprendida por Jesús, eso nos haría a nosotros la iglesia tibia Laodicea. Tal punto de vista tan negativo de la iglesia presente cabe bien con la perspectiva futurista que durante los últimos días habrá una gran caída y que la iglesia se enfriará.

Esperamos que de inmediato rechaces esa manera de

interpretar los capítulos 2 y 3 de Apocalipsis. Las iglesias no son periodos de tiempo. Son iglesias literales que existieron en el primer siglo. Más aun, no somos la iglesia de Laodicea. En realidad, la Iglesia de hoy está viva y saludable. Tal vez tu rincón del mundo cristiano en particular tiene dificultades, pero mundialmente la Iglesia está explotando en crecimiento. Hoy en día, hay más cristianos ardientes, evangelistas apasionados, misioneros comprometidos, y otros dando sus vidas por el evangelio que en cualquier otro tiempo en la historia. Por favor no acepte ninguna de las inferencias que somos la iglesia de Laodicea. Es mentira. Como veremos en las próximas páginas, Jesús está levantando su Iglesia a una posición de unidad, poder y gloria.

Apocalipsis 4 y 5:
Escena Celestial del Reino de Cristo

Capítulo 4; versículo 1 es la transición en la cual Juan acaba de terminar de escribir a las siete iglesias, y luego escuchó una voz del cielo decir, *"¡Sube acá!"*

> *"Después de esto miré, y vi una puerta abierta en el cielo; y la primera voz que yo había oído, como sonido de trompeta que hablaba conmigo, decía: 'Sube acá...'"*
>
> (Ap. 4:1)

Los maestros futuristas típicamente demandan que este versículo marca cuándo la iglesia es raptada al cielo.[1] Ellos afirman esta idea porque cabe con su entendimiento que Apocalipsis 4 al 18 se cumplirá durante un periodo futuro de siete años de tribulación y que la Iglesia no estará en la tierra durante el juicio descrito en esos capítulos.[2]

En realidad, no hay ninguna referncía en Apocalipsis 4 de la Iglesia, ni tampoco de que sea raptada al cielo. Nos muestra espicificamente que *Juan fue llevado al cielo.* Además, el tiempo literal de este "levantamiento" fue durante el tiempo de vida de Juan en el primer siglo. Este versículo no es descripción de un evento que sucederá en nuestro futuro. Se trata de Juan y que él fue levantantado al cielo hace dos mil años.

Es importante notar esto porque los maestros futuristas suelen pensar de sí mismos como los que interpretan la Biblia literalmente. Ese no es el caso. Veremos a través de nuestro estudio del libro de Apocalipsis que los maestros futuristas espiritualizan, alegorizan, y mitifican varios pasajes. Esto ya lo

---

1 Jack Van Impe, *Millennium: Beginning or End?* (Nashville, TN: Word Publishing, 1999), p. 43.
2 Aunque la mayoría de los maestros futuristas ven a la Iglesia siendo raptada en Apocalipsis 4:1, algunos, como los pos-tribulacionistas, no lo ven así.

hemos visto en la manera que explican las siete iglesias de Apocalipsis 2 y 3 como siete periodos de tiempo. Aquí en Apocalipsis 4:1, noten como ven a la Iglesia siendo llevada al cielo, en lugar de aceptar lo que realmente es mostrado – que Juan fue llevado.*

Por supuesto hay algunos pasajes que sí debemos ver como apocalípticos, simbólicos, o de lenguaje representativo. Varios pasajes utilizan imágenes del Antiguo Testamento. En particular, Juan amplía en el libro de Apocalipsis algunos símbolos utilizados por el profeta Daniel. De verdad, ambos puntos de vista, futurista y preterista parcial, reconocen tal uso de lenguaje, pero una de las razones por las que hemos cambiado de la perspectiva futurista a la perspectiva preterista parcial es porque presenta un entendimiento más literal de la Escritura.

---

* Los futuristas suelen decir que la Iglesia nunca es mencionada en los capítulos 4 al 18 de Apocalipsis, y dicen esto porque ellos quieren agregar apoyo a su punto de vista de que la Iglesia no estará en la tierra durante el periodo difícil descrito en estos capítulos. En realidad, los santos que conforman la Iglesia son mencionados por lo menos once veces en estos capítulos.

Apocalipsis 4 y 5: Escena Celestial del Reino de Cristo

Apocalipsis 4: Visión en el Cuarto del Trono

En Apocalipsis 4:1, Juan fue levantado al cielo y de repente vio el trono de Dios:

"Al instante estaba yo en el Espíritu, y vi un trono colocado en el cielo, y a uno sentado en el trono."

(Ap. 4:2)

Juan vio a Dios sentado en su trono. Sabemos que fue Dios el Padre porque unos versículos más tarde leemos sobre Jesús viniendo hacia Dios mientras él estaba sentado en su trono (Ap. 5:7).

Había veinticuatro ancianos sentados alrededor del trono de Dios, cada uno en su propio trono. Juan estaba abrumado mientras vio relámpagos y repiques de truenos.Vio cuatro seres vivientes alrededor del trono, y los oye decir:

"Santo, Santo, Santo, es el Señor Dios, el Todopoderoso, el que era, el que es y el que ha de venir."

(Ap. 4:8)

La majestad del momento no puede ser transmitida adecuadamente con palabras, pero ciertamente Juan hace un mejor trabajo que nosotros podemos hacer, como puedes ver si lees el capítulo entero.

Para nuestros propósitos aquí, necesitamos ver como es puesto el escenario para el resto del libro de Apocalipsis. Juan está en el cielo. Es desde esta perspectiva que el puede ver todo lo que sucedería de su vida en adelante: *"yo te mostraré las cosas que sucederán después de estas."* (Ap. 4:1). Juan puede ver eventos desarrollándose mientras Dios actúa desde su Trono en el cielo.

Apocalipsis 5: Jesús Es Digno de Abrir el Libro

En el capítulo 5 de Apocalipsis, Juan vio lo que pasó en el sala del trono:

"Y vi en la mano derecha del que estaba sentado en el trono un libro escrito por dentro y por fuera, sellado con siete sellos."   (Ap. 5:1)

Los sellos en este libro significan que el libro aun no había sido abierto. Esto trae a memoria las palabras que Daniel escribió mientras registraba las visiones que serían cumplidas en algún punto en el futuro. A Daniel le fue dicho *"cierra las palabras y sella el libro hasta el tiempo del fin"* (Dn. 12:4). Así como esas palabras dichas a Daniel fueron selladas hasta el tiempo de su cumplimiento, así también el libro en la mano de Dios en Apocalipsis capítulo 5 fue sellado hasta el día en que su contenido deba ser cumplido.

El día del cumplimiento había llegado. Los sellos estaban por ser rotos. Mientras continuamos en nuestro estudio, veremos como los juicios de Dios fueron ejecutados mientras los sellos fueron rotos.

Cuando pensamos en estos juicios, no debemos pensar en un juez declarando castigo para criminales. Sino en un rey rindiendo juicio para extender su gobierno. Estos son decretos majestuosos para establecer la voluntad del Rey. Es en este sentido que Dios rinde juicios y expande su reino.

En Apocalipsis 5, vemos que todo lo que Dios había decretado tocante a su reino estaba por ser ejecutado. De verdad, el día del cumplimiento había venido, pero primero tenía que encontrarse a uno quien fuera digno de romper los sellos y abrir el libro. Enfatizando esta verdad, Apocalipsis 5 es el registro de la búsqueda de aquel quien es digno de abrir los sellos, y, claro, es el Cordero quien es matado, el León de la tribu de Judá. Él es el que tomó el Libro del Padre, mientras los ancianos, los ángeles, y los seres vivientes clamaban en adoración.

Apocalipsis 6: El Ejército de Dios esta Dispuesto para la Batalla

Comenzando en el capítulo 6 de Apocalipsis, leemos sobre Jesús rompiendo los sellos del libro uno tras uno. Con el rompimiento de cada uno de los primeros cuatro sellos, se manda que un caballo se presente ante Dios, y Dios le otorga la potencia para destruir. El primer caballo es un caballo blanco, recibiendo la potencia para conquistar. El segundo caballo es rojo, con el poder de quitar la paz de la tierra. El tercer caballo es negro, con el poder de hacer escasas las provisiones y el sustento. El cuarto caballo es amarillo, recibiendo la potestad de matar con la espada, con hambre, con mortandad, y con las fieras de la tierra.

Los futuristas creen que cuando Dios envia los caballos, actualmente está soltando la destrucción sobre la tierra. En realidad, ninguno de los caballos se muestra llegando a la tierra. Son llamados ("ven") no a la tierra, sino en el sentido de presentarse ante Dios. A cada caballo se regala el poder para destruir y luego se libera el caballo -- para que asume su posición en el cielo a ejercitar su autoridad sobre la tierra. Esto será mejor comparado con la idea de un rey natural y cómo posicionará sus fuerzas en la línea de batalla antes de empezar la batalla. En la misma manera, Dios estaba preparando el escenario para las batallas subsiguientes. Los soldados se disponían, esperando la llamada para la acción.

Este tiempo de espera es confirmado cuando el quinto sello se rompe y Juan ve las almas de las personas quienes habían sido matadas previamente por su fe. Ellos estaban mirando y clamando a Dios, diciendo:

> "¿Hasta cuándo, oh Señor santo y verdadero, esperarás para juzgar y vengar nuestra sangre de los que moran en la tierra?" (Ap. 6:10)

Se Abre el Libro y los Decretos de Dios están a Punto de Realizarse:

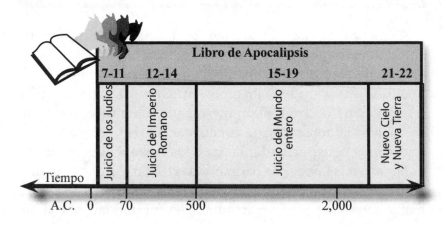

Ponte en el lugar de Juan en el cielo. Los cuatro caballos tomaron sus posiciones y se prepararon para la batalla. Aquellos quienes fueron mártires por su fe vieron esto, e inmediatamente pensaron que era el tiempo en que su sangre sería vengada. Dios estaría contestando las oraciones de sus santos cuando soltara sus juicios. En anticipación, los santos clamaron, pero se les dijo que esperaran solo un poco más, aunque la batalla era inminente.

Apocalipsis 6:12-17: El Rompimiento del Sexto Sello

Con el rompimiento del sexto sello Juan vio las señales de eventos catastróficos:

> *"...hubo un gran terremoto, y el sol se puso negro como cilicio hecho de cerda, y toda la luna se volvió como sangre; y las estrellas del cielo cayeron a la tierra, como la higuera deja caer sus higos verdes al ser sacudida por un fuerte viento. Y el cielo desapareció como un pergamino*

142

que se enrolla..."   (Ap. 6:12-14)

Como explicamos antes (pp. 40 y 41), el sol, la luna, y las estrellas frecuentemente fueron utilizadas para referirse a autoridades gubernamentales. Esto es lenguaje apocalíptico refiriéndose a las autoridades espirituales quienes gobiernan como el sol, la luna, y las estrellas gobiernan los cielos. Cuando las autoridades gubernamentales fueron removidas o disminuidas, el sol, la luna, o las estrellas fueron dichas haberse caído u oscurecido. En este pasaje vemos estas autoridades enemigas siendo sacudidas por la presencia de Dios. La referencia apocalíptica a los terremotos significaba que Dios estaba interviniendo y actuando en juicio para eliminar autoridades establecidas y reemplazarlas con su autoridad. Por ejemplo, el escritor de Hebreos nos dice:

"Su voz hizo temblar entonces la tierra, pero ahora El ha prometido, diciendo: Aun una vez mas, yo hare temblar no solo la tierra, sino tambien el cielo. Y esta expresión: Aún, una vez más, indica la remoción de las cosas movibles, como las cosas creadas, a fin de que permanezcan las cosas que son inconmovibles. Por lo cual, puesto que recibimos un reino que es inconmovible, demostremos gratitud."

(He. 12:26-28)

A la luz de tales promesas debemos ver el terremoto que comenzó con el rompimiento del sexto sello como Dios estremeciendo las autoridades presentes y estableciendo sus propias autoridades dentro de su reino.

Una vez roto el sexto sello, nos cuenta:

"Y los reyes de la tierra, y los grandes, los comandantes, los ricos, los poderosos, y todo siervo y todo libre, se es-

> *condieron en las cuevas y entre las peñas de los montes;*
> *y decían* a los montes y a las peñas: Caed sobre nosotros*
> *y escondednos de la presencia del que está sentado en el*
> *trono y de la ira del Cordero, porque ha llegado el gran*
> *día de la ira de ellos, ¿y quién podrá sostenerse?"*
>
> (Ap. 6:15-17)

Juan estaba viendo una visión de lo *"que debe suceder pronto."* Dios había dispuesto a sus caballos – esto es, su poder – para la batalla. En su gloriosa presencia y la presencia de su poder, las autoridades de la tierra fueron infundidas con terror. Ellos podían ver que juicio y guerra estaban por comenzar.

Ahora ponga todo esto en su marco de tiempo adecuado. Hace dos mil años, Jesús ascendió al cielo. El Padre entonces habló a su Hijo:

> *"Siéntate a mi diestra, hasta que ponga a tus enemigos*
> *por estrado de tus pies."*　　　(Hechos 2:34-35)

Juan estaba en la sala del trono a punto de ser testigo al cumplimiento de la promesa de Dios a su Hijo. Los decretos de Dios estaban por ser realizados. La guerra estaba por comenzar.

Apocalipsis 7-11: Juicio de los Judíos

El juicio comenzó con la casa de Dios. En este contexto, estamos hablando del pueblo Antiguotestamentario de Dios, los judíos. Como advirtió Pablo en Romanos 2:9;

> *"Habrá tribulación y angustia para toda alma humana que hace lo malo, el judío primeramente y también el griego."* (subrayado agregado)

Es la manera de ser de Dios de juzgar primero a su propio pueblo antes de juzgar al mundo (vea también 1 Pedro 4:17).

Muchos cristianos hoy tienen dificultad en concebir a Dios juzgando severamente a su pueblo. Sin embargo, una declaración fundamental del pacto de Dios con los judíos fue que si lo obedecían, Él los bendeciría; si lo abandonaban, entonces serían juzgados (Dt. 28). El Antiguo Testamento nos dice como los judíos dejaron a Dios, y enseguida sufrieron juicio. Fue por su desobediencia y dureza de corazón que sus enemigos fueron capaces de derrotarlos. Durante los siglos V y VI a.C., los judíos fueron expulsados de su tierra, Jerusalén fue destruida, y aquellos quienes no fueron matados entonces fueron llevados presos y esclavizados en Asiria y Babilonia.

Vemos una tendencia parecida en el Nuevo Testamento. Juan el Bautista llamó a los judíos al arrepentimiento, pero cuando no lo hicieron, declaró que el hacha ya estaba puesta en la raíz, significando que el juicio estaba cayendo sobre ellos (Lucas 3:7-9). Jesús lamentó el hecho de que Dios había mandado muchos profetas a los judíos, y que ellos los habían perseguido y aún matado a las profetas (Mt. 23:29-35). De mucha mayor ofensa fue el rechazo judío de Jesús como el Mesías, el Hijo de Dios.

Varias veces Jesús declaró la destrucción venidera sobre

Jerusalén y el templo judío:

"Para que recaiga sobre vosotros la culpa de toda la sangre justa derramada sobre la tierra…He aquí vuestra casa se os deja desierta."

(Mt. 23:35-38)

"Pero cuando veáis a Jerusalén rodeada de ejércitos, sabed entonces que su desolación está cerca."

(Lc. 21:20)

"Y caerán a filo de espada, y serán llevados cautivos a todas las naciones; y Jerusalén será hollada por los gentiles, hasta que los tiempos de los gentiles se cumplan."

(Lc. 21:24)

Jesús decretó la destrucción.

En la sección 1, discutimos el holocausto judío del 70 d.C.. No necesitamos repetir esa discusión, pero estamos preocupados de que algunos de nuestros lectores puedan estar brincándose a esta sección del estudio de Apocalipsis en lugar de leer desde el principio. Si los lectores no están conscientes del holocausto judío del primer siglo, no podrán captar cuan claramente fue ése el cumplimiento del juicio descrito en Apocalipsis capítulos 7 al 11. Si aun no lo has leído, por favor tómate unos momentos para leer la breve descripción del holocausto judío en las páginas 41-43. Después de cuatro meses de hambruna y tortura, más de un millón de judíos fueron matados – miles de ellos fueron crucificados.

Claro, no todos los judíos rechazaron a Jesús, y de hecho, mucha de la iglesia temprana fue formada por judíos quienes habían aceptado a nuestro Señor. Sin embargo, la gran mayoría lo rechazó. El apóstol Pablo escribió como anhelaba que los judíos reconocieran a Jesús como el Mesías, pero solo un remanente lo había aceptado (Rom. 11:5). Pablo escribió como la gran mayoría de los judíos se habían convertido en enemigos del evangelio (Rom. 11:28).

Jesús declaró a los judíos que Él era la Roca que los edificadores habían rechazado (Mt. 21:42). Luego pasó a decir el reino de Dios les sería quitado y dado a gente que produzca fruto del reino (Mt. 21:43). Finalmente, en ese contexto declaró que la Roca – él mismo – desmenuzaría y esparciría como polvo a cualquiera que lo rechaze (Mt. 21:44).

Arethas de Caesarea

Aquí, entonces, fueron mostrados manifiestamente al Evangelista qué cosas les caerían a los judíos en su guerra contra los romanos, en la manera de vengar el sufrimiento infligido sobre Cristo.

(*Synopsis ex comm. In Apocalypse,* notes on Rev. 7:1. Dec. 1, 07, http://www.preteristarchive.com/StudyArchive/a/arethas_caesarea.html)

Apocalipsis 7: Sellando 144,000 Hijos de Israel

Antes de que empezara el juicio, Dios selló un número de israelitas para que un remanente se mantuviera vivo después del holocausto del 70 d.C.

> *"No hagáis daño a la tierra, ni al mar, ni a los árboles, hasta que hayamos sellado en sus frentes a los siervos de nuestro Dios. Y oí el número de los sellados: ciento cuarenta y cuatro mil sellados de todas las tribus de los hijos de Israel."* (Ap. 7:3-4)

Esta marca se habría entendido por los lectores judíos de ese periodo como la marca de protección de Dios. Del mismo modo que la sangre fue puesta en los postes de las puertas de las casas de los hebreos para protegerlos del ángel de la muerte en la primera Pascua en Egipto (Éx. 12), así también un número de israelitas fueron marcados por Dios para que un remanente fuera salvado de la masacre venidera. Este sello no se debe entender como una marca visible físicamente, pero como Dios reconociendo a los que eran de Él.

Puede que haya habido exactamente 144,000 hijos de Israel protegidos de la destrucción, pero la gente hebrea en los días bíblicos solían utilizar los números en un sentido simbólico. Por ejemplo, cuando la Biblia dice que de Dios eran los millares de animales en los collados (Sal. 50:10), no significa que Dios era dueño de tan solo los animales en mil colinas. Significa que es dueño de todos los animales en todas partes. De una manera similar, la gente hebrea entendía los números, como el 144,000 como una multitud escogida.

Mas encima, en Apocalipsis 7:5-8, se nos dice que 12,000 fueron sellados de cada una de las doce tribus.

¿Quiénes eran las doce tribus de Israel? Durante los tiempos de Cristo, los judíos en Palestina mayormente se conformaban de la tribu de Judá y Benjamín, junto con algunos Levitas. Las otras tribus habían sido esparcidas por las regiones aledañas, por la migración, persecución, y el exilio a Asiria alrededor del 720 a.C.. Para el primer siglo, las doce tribus en realidad no eran los descendientes de todas los doce hijos de Israel, pero la tribu de Dan fue omitida y los hijos de José (Efraín y Manases), se convirtieron en las cabezas de las tribus para que se quedaran doce tribus de Israel. Como doce mil israelitas de cada una de las doce tribus fueron sellados, entendemos que Dios estaba protegiendo un número significante de cada una de las tribus. Sin embargo, Apocalipsis 7 al 11 se enfoca en la destrucción en y alrededor de Jerusalén. Esto se hará evidente mientras continuamos.

Cuando la Biblia nos dice que doce mil de cada tribu fueron sellados, podemos decir que tal vez hubo literalmente doce mil sellados de cada tribu, pero el lector antiguo hebreo entendería este número en un sentido menos estricto y habría concluido que Dios estaba favoreciendo cada tribu equitativamente y que estaba sellando un número suficiente y pleno.

Algunos lectores occidentales pueden escucharnos utilizando estos números en un sentido no literal y acusarnos de "espiritualizar" Escrituras. Nosotros responderíamos diciendo que ellos están "occidentalizando" Escrituras. Es la mente occidental que insiste en tomar tal número en el sentido más estricto. Si vamos a entender la Escritura en el marco en que los autores la escribieron, debemos reconocer el lenguaje poético, simbólico y apocalíptico que utilizaban. En efecto, Dios selló un número significante de cada una de las doce tribus de Israel. Ellos fueron sellados para no ser destruidos en la guerra inminente.

Dinámicas Espirituales con Consecuencias Naturales

Mientras seguimos en discutir la guerra, la veremos como una guerra espiritual que tiene efectos catastróficos en el mundo natural. Debemos verla por medio de los ojos de Juan. Él está en la sala del trono de Dios. Él está en el Espíritu. Está viendo las dinámicas espirituales que impactarán este mundo en maneras naturales.

Para ver cómo las dinámicas espirituales se relacionan con consecuencias naturales, considere como el profeta Eliseo y su siervo una vez fueron rodeados por soldados enemigos. Cuando Eliseo oró para que los ojos de su siervo fueran abiertos al mundo espiritual, *"y miró; y he aquí que el monte estaba lleno de gente de a caballo, y de carros de fuego alrededor de Eliseo"* (2 Reyes 6:17). Sabiendo que Dios estaba con él, Eliseo no tenía temor. Él oró que Dios infundiera a los enemigos con ceguera, e inmediatamente fueron ciegos por un tiempo.

Esta historia es ilustrativa con respecto de como el reino

espiritual aparece al que lo puede ver en ese reino. Dios se comunica por medio de visiones. Él utiliza imágenes con las que podemos relacionarnos para comunicar lo que está sucediendo en el mundo espiritual. Con respecto a la visión de Eliseo y su siervo, es difícil decir si realmente existían caballos y carros de fuego en el mundo espiritual o si los caballos y carros de fuego que vieron representaban el poder de Dios que estaba disponible para defenderlos. Para nosotros hoy, caballos y carros de fuego no serían una representación muy efectiva del poder de Dios porque una máquina moderna militar como un tanque de guerra derrotaría miles de caballos y carros de fuego. Tal vez, entonces, si Dios quería revelar su poder a nosotros, habría mostrado ejércitos con el último y más mortífero equipo.

Eso revela como realidades en el reino espiritual son comunicadas a nosotros en el reino natural. Es similar a las imágenes que uno ve en los sueños. Hay mensajes verdaderos detrás de imágenes espirituales, pero las imágenes son una mera forma de comunicación.

Es con este entendimiento que debemos examinar las visiones registradas por el libro de Apocalipsis. Por ejemplo, nos es dicho en el capítulo 1 de Apocalipsis que los siete candeleros representan siete iglesias; siete estrellas representan los ángeles de las siete iglesias. Jesús le dijo a la iglesia Laodicea que él está a la puerta y está tocando, pero no tenemos que concluir que hay una puerta literal que debe ser abierta; sino, entendemos esta terminología como figurativa. La gente debe abrir la puerta de su corazón para que entre Jesús. Entonces también cuando leemos las palabras de nuestro Señor diciendo que tiene las llaves de la muerte y del Hades (Ap. 1:18), no tenemos que concluir que la muerte y el Hades realmente tienen puertas requiriendo una llave para abrirlas, sino que este es un lenguaje figurativo representando como Jesús tiene la autoridad sobre ambos, la muerte y el Hades.

Las cosas que Juan vio a través del libro de Apocalipsis

realmente se le aparecieron. Él los *"vio"*. Sin embargo, debemos entender que estaba *"en el Espíritu"* (Ap. 1:10). Él estaba recibiendo imágenes que comunicaban dinámicas espirituales que la mente humana solamente puede recibir en forma de imagen.

Las dinámicas espirituales tienen un impacto correspondiente sobre el mundo natural, pero ese impacto puede parecer diferente de como se vio en el reino espiritual. Por ejemplo, considere la muerte de Herodes registrada en Hechos 12:23:

> *"Al momento un ángel del Señor lo hirió, por no haber dado la gloria a Dios; y murió comido de gusanos."*

En el reino espiritual un ángel hirió a Herodes. En lo natural murió y fue comido por gusanos.

Es con esta mentalidad que debemos considerar los juicios soltados en el libro de Apocalipsis.

Apocalipsis 8: Suenan Trompetas; La Guerra Comienza

En el capítulo 8 de Apocalipsis leemos que el Cordero rompió el séptimo y último sello del libro. Entonces, *"hubo silencio en el cielo como por media hora"* (Ap. 8:1). Era la calma antes de la tormenta. El escenario estaba listo; la guerra estaba por comenzar. El Libro que consiste de los decretos de Dios estaba por ser abierto. La estrategia de Dios para sojuzgar este mundo estaba por ser ejecutada.

El sonar de las trompetas puso comeienzo a la guerra.

> *"Y vi a los siete ángeles que están de pie delante de Dios, y se les dieron siete trompetas."*   (Ap. 8:2)

Para captar el evento dramático que siguió, imagínate una guerra en tiempos antiguos. Un rey mandaría a sus soldados tomar sus posiciones y formar un campo de batalla tremendo.

Antes de que el ejército avanzara, una trompeta sería tocada, y típicamente los arqueros soltarían sus arcos.

En Apocalipsis capítulo 8 leemos que cuando el primer ángel tocó la primer trompeta,

> *"vino granizo y fuego mezclados con sangre, y fueron arrojados a la tierra; y se quemó la tercera parte de la tierra."*
>
> (Ap. 8:7)

Como arcos siendo lanzados por miles de arqueros, pues la destrucción fue lanzada del cielo.

Cuando el segundo ángel tocó la segunda trompeta,

> *"algo como una gran montaña ardiendo en llamas fue arrojado al mar, y la tercera parte del mar se convirtió en sangre. Y murió la tercera parte de los seres que estaban en el mar y que tenían vida; y la tercera parte de los barcos fue destruida."* (Ap. 8:8-9)

Cuando el tercer ángel tocó la tercera trompeta,

> *"cayó del cielo una gran estrella, ardiendo como una antorcha, y cayó sobre la tercera parte de los ríos y sobre los manantiales de las aguas. ...y muchos hombres murieron por causa de las aguas."*
>
> (Ap. 8:10-11)

Cuando el cuarto ángel tocó la cuarta trompeta,

> *"y fue herida la tercera parte del sol, la tercera parte de la luna, y la tercera parte de las estrellas."*
>
> (Ap. 8:12)

Antes de que continuemos para ver lo que sucede cuando

la quinta, sexta y séptima trompetas sean tocadas, necesitamos ver cuidadosamente quién estaba recibiendo este juicio y destrucción. Argumentamos a favor de que el juicio comenzó primeramente con el pueblo de Dios, los judíos.

Haciendo esto difícil de aceptar para algunos lectores es el hecho de que en capítulos 8 al 11, en algunas traducciones del libro de Apocalipsis, hay una traducción desafortunada de la palabra griega *ge*. Esta palabra puede ser traducida como "mundo," "piso," o "tierra," y cada traductor bíblico decidió cual palabra usar según su propio entendimiento del texto. Cuando estudiamos el resto del Nuevo Testamento, aprendemos que en la mayoría de las versiones la palabra *ge* es usualmente traducida como "tierra." Para ser consistentes, los traductores también traducirían *ge* como "tierra" en el libro de Apocalipsis.

Apocalipsis 7 al 11 habla de las batallas que involucran la tierra de los judíos. Por lo tanto, cuando Apocalipsis 8:5 nos dice que un ángel arrojó fuego al *ge*, significa que el fuego fue lanzado a la tierra de Israel, en vez de a todo el mundo.

Esta terminología se amplía comúnmente en otros pasajes de la Biblia. Por ejemplo, en el Antiguo Testamento griego, el cual fue la versión utilizada por la iglesia temprana, hay muchas referencias a los gentiles siendo obligados a salir de su *ge*, o tierra, y que la tierra a que se referían era la tierra que Dios les prometió a los judíos (ej., Nm. 32:17; 33:52, 55; Jos. 7:9; 9:24; Jueces 1:32; 2 Sam. 5:6; 1 Cr. 11:4; 22:18; Neh. 9:24). Este mismo término, tierra, fue utilizado frecuentemente por los profetas del Antiguo Testamento cuando hablaban de los judíos siendo sacados de su tierra en el V y VI siglo a. C. (ej., Jer. 1:14; 10:18; Ez. 7:7; Os. 4:1; Joel 1:2, 17).

Asimismo cuando Juan utilizó el término *ge* en Apocalipsis capítulos 8 al 11, se refería a la tierra una vez prometida a los judíos en vez de referirse al mundo entero. Por lo tanto, cuando Juan describió en Apocalipsis 8:7 que un tercio de la gente estaba siendo quemada, realmente estaba diciendo que un tercio de la tierra fue quemada, y esa tierra era la tierra de Israel.

En la misma manera, Apocalipsis 8:8-13 nos dice del segundo al cuarto ángel tocando sus trompetas y soltando destrucción; esa destrucción fue sobre la tierra de Israel. De verdad, tal destrucción vino sobre la tierra en el 70 d.C. y en los meses próximos a esa fecha.

Para ver esto, debemos darnos cuenta (nuevamente) que Juan estaba en el cielo mirando una guerra espiritual que tenía consecuencias en este mundo natural. Cuando Juan vio estrellas cayéndose, junto con el sol y la luna oscureciéndose, estaba viendo los juicios de Dios que venían sobre las autoridades que previamente gobernaban en Israel. Las autoridades espirituales estaban siendo juzgadas, y como consecuencia, las autoridades naturales estaban perdiendo sus posiciones de poder. De hecho, cuando estas dinámicas espirituales ocurrían en el reino espiritual, los gobernantes vigentes fueron expulsados de sus puestos mientras centenares de miles de judíos sufrían y morían en lo actual.

Apocalipsis 9:1-11: La Quinta Trompeta se Toca

Cuando el quinto ángel tocó la quinta trompeta (Ap. 9:1), un pozo del abismo se abrió y salieron langostas con poder como escorpiones para dañar a la gente que no tenía el sello de Dios en sus frentes (Ap. 9:1-4). Se nos dice que las langostas tenían caras humanas, cabello de mujer y dientes de león. En sus colas tenían el poder para dañar a la gente e infligir gran dolor por cinco meses.

Algunos de los maestros futuristas más conocidos dicen que estas langostas del pozo del abismo son helicópteros futuristas que inundan el cielo y disparan de sus colas un veneno que inflige gran dolor. Otros futuristas notables han observado la reciente insurrección de terroristas islámicos y concluyen que las langostas deben ser extremistas musulmanes quien algún día atacarán al pueblo de Dios.

Estas interpretaciones de los futuristas son interesantes porque estos son los mismos maestros futuristas quienes se afirman estar tomando la Biblia literalmente. Si tomamos esos versículos literalmente, entonces tendremos que creer que las langostas reales con coronas de oro, con caras humanas, cabello de mujer, dientes de león y colas como de escorpiones inundarán el mundo. Además, si los maestros futuristas estaban tomando las Escrituras literalmente, ellos tendrían que decir que sus helicópteros o sus terroristas musulmanes saldrían del pozo del abismo. Claro, ningún futurista diría esto. La idea de que cristianos futuristas tomen el libro de Apocalipsis literalmente es un mito.

Los preteristas parciales entienden estas langostas en una manera muy distinta. Nosotros intentamos ver el contexto en el cual las langostas son referidas en otros pasajes de las Escrituras. La más temprana mención de inundación de langostas está en Éxodo 10, cuando Moisés soltó el juicio de Dios sobre los egipcios. Después, debido a aquel acontecimiento, las langostas se entendían como un símbolo de juicio. El profeta Joel utilizó este símbolo:

"Lo que dejó la oruga, lo comió la langosta;
lo que dejó la langosta, lo comió el pulgón;
y lo que dejó el pulgón, lo comió el saltón."

(Joel 1:4)

En este pasaje Joel estaba hablando sobre la destrucción que sobrevino a los judíos en tiempos del Antiguo Testamento. Las langostas realmente no les sobrevinieron, sino ejércitos del Este vinieron y destruyeron su tierra, mataron cientos de miles de gente, y tomaron preso al resto de los judíos.

El profeta Juan estaba utilizando esta misma terminología en Apocalipsis capítulo 9 para describir los ejércitos romanos que vinieron como langostas descendiendo sobre Jerusalén. Por lo tanto, nuestro enfoque no debe ser en langostas literales sino como se manifiestan en el reino natural. ¿Qué efecto tuvieron en las personas? El punto es que fuerzas poderosas habían sido soltadas, y la gente sufrió en maneras inimaginables.

Apocalipsis 9:12-21: La Sexta Trompeta es Tocada

Cuando el sexto ángel tocó la sexta trompeta (Ap. 9:13), cuatro ángeles que habían sido atados en el gran río Éufrates fueron soltados para matar un tercio de la gente. Es más que coincidencia que el General Tito utilizó cuatro legiones en su guerra en contra de Jerusalén en el 70 d.C. Aquellas cuatro legiones habían sido acuarteladas en la región de los Éufrates antes de la gran guerra.*

Juan escribió que el número de los ejércitos de caballería era 200 millones (o como algunas traducciones dicen, doscientos mil mil). Sería equivocado tomar esto literalmente por varias razones.

Para comenzar, la palabra griega traducida *caballería* específicamente nos dice que esta caballería fue compuesta de hombres cabalgando sobre caballos. Se habla más de estos caballos en los siguientes versículos. Pero ejércitos modernos ya no dependen de hombres sobre caballos o ni siquiera de gran número de soldados. En lugar de la caballería, los ejércitos modernos se organizan alrededor de la inteligencia, el poder aéreo y la tecnología. Una caballería de 200 millones sería inefectiva en contra de una máquina militar bien organizada de aun 50,000 soldados. En vista de ello, es más razonable pensar en los 200 millones de jinetes representando un ejército de poder incomprensible. Éste es lo que vino contra los judíos en el 70 d.C.

Para la gente judía este número – doscientos millones – tendría un significado especial porque es, como algunas traducciones dicen, *"dos veces diez mil por diez mil."* El número diez mil tenía un significado especial para cada judío porque de su mayor héroe militar, el Rey David, le fue dicho haber conquistado diez mil. Los judíos aún tenían una canción en la cual honraban a David por haber podido matar a diez mil (1 S. 18:7; 21:11). Bajo la amenaza de guerra se animaban, declarando que Dios estaba con ellos, y por lo tanto, ellos podían vencer a su Goliat. Pero cuando Juan declaró que *"dos veces diez mil por diez mil"* venía contra ellos, habrían estado abrumados por la visión de un ejército tan grande y no tendrían esperanza de resistencia.

Por las manos de este ejército, Juan dijo que un tercio de toda la gente fue matada. De esto no tenemos que concluir que un tercio de todo el mundo fue matado. Estamos hablando en estos capítulos sobre la tierra de Israel y la guerra contra los judíos. Los ejércitos que vinieron del gran río Éufrates bajo el comando del General Tito mataron brutalmente a un tercio de los judíos.

Esto, sin embargo, no fue el fin de la guerra. Juan registra cómo el resto de la gente aún viva no se arrepintió de sus pecados (Ap. 9:20-21). Por consiguiente, el juicio continuaría como lo registra en los capítulos que siguen.

Apocalipsis 10: Juan Come el Libro

En el capítulo 10 de Apocalipsis, Juan registró que vio a otro ángel traer más juicio. Este era un ángel fuerte con un arco iris en su cabeza, una cara como el sol y pies como columnas de fuego. Este ángel sostuvo en su mano un pequeño libro que estaba abierto. Puso su pie derecho sobre el mar, y el izquierdo sobre la tierra. Luego clamó a gran voz, como ruge un león. Siete truenos emitieron sus voces y Juan estaba por registrar lo que había tronado, pero una voz le dijo que no lo hiciera, pero

---

* Kurt Simmons, *The Consummation of the Ages* (Carlsbad, NM: Bimillennial Preterist Association, 2003), p. 198; Flavius Josephus, *The Wars of the Jews*, V, I, 6; III, iv, 2; Tacitus, *Annals*, V; Cassius Dio, *Roman History*, IV, xxxiii.

que sellara esas cosas.

Entonces a Juan le fue dicho que tomara el libro de los decretos de Dios y que se lo comiera. Esto trae a la memoria cómo a Ezequiel le fue dicho que se comiera un libro en el cual fue escrito *"endechas y lamentaciones y ayes"* (Ez. 2:10). Así como lo hizo Ezequiel, Juan encontró el libro tan dulce como la miel, lo cual es apropiado porque sabemos que las palabras de Dios son dulces y maravillosas (Ez. 3:1-3; Ap. 10:10). Sin embargo, las palabras escritas en este libro eran decretos de juicio venidero, y por consiguiente, causaron amargura en el vientre de Juan. Tanto Ezequiel como Juan les fue dicho que tendrían que ir y proclamar las palabras de la profecía a la gente (Ez. 3:4; Ap. 10:11). Los dos fueron enviados a declarar juicios venideros.

Apocalipsis 11: El Templo Judío es Destruido

El capítulo 11 de Apocalipsis confirma que las batallas hasta este punto ocurrieron en el reino espiritual con la destrucción manifestándose en lo natural en Israel y sobre todo, en Jerusalén. El decreto más directo y crítico contra Jerusalén se da en Apocalipsis 11:8: *"...la grande ciudad que en sentido espiritual se llama Sodoma y Egipto, donde también nuestro Señor fue crucificado."* Hay varios pasajes bíblicos que asocian a Israel con Sodoma (Dt. 32:32; Is. 1:9-10; Jer. 23:14; Ez. 16:48-49, 53). Dios estaba bien decepcionado con los judíos por su rechazo a los profetas y la crucificación de nuestro Señor. Jesús expresó su decepción cuando clamó: *"¡Jerusalén, Jerusalén, que matas a los profetas, y apedreas a los que te son enviados!"* (Mt. 23:37).

A Juan le fue dada una caña semejante a una vara de medir y se le dijo que midiera el templo en Jerusalén (Ap. 11:1). Sabemos que este era el templo real en Jerusalén, y no un templo espiritual en el cielo, porque le fue dicho que lo midiera antes que fuera pisoteado por los gentiles (Ap. 11:2). Esto confirma un punto anterior que hicimos, que el templo en Jerusalén debió haber estado aún en existencia cuando Juan escribió el libro de Apocalipsis.

Maestros del punto de vista futurista tienen una explicación diferente. Pensando que los capítulos 4 al 18 se han de cumplir durante un periodo de tribulación de siete años en el futuro, ellos tienen que creer que el templo en Jerusalén será reconstruido antes del desenlace de los eventos de Apocalipsis. Por lo cual, aún hoy, los maestros futuristas están esperando y queriendo ayudar a los judíos a reconstruir el templo en Jerusalén.

En contraste, los preteristas parciales reconocen que el templo aún estaba parado cuando Juan escribió el libro de Apocalipsis. Fue destruido por el decreto de Dios en el 70 d.C., y quiere que permanezca en ruinas. Jesús declaró:

"He aquí, vuestra casa se os deja desierta."

(Mt. 23:38)

Nuevamente podemos apuntar que la desolación fue significante en el hecho que ya no necesitamos el templo, ni al Sumo Sacerdote judío, ni los sacrificios de animales que fueron llevados a cabo en ese templo. El último gran sacrificio se había hecho, el cual puso fin a cualquier otro sacrificio.

Apocalipsis 11:2 habla de Jerusalén siendo destruida:

"...ha sido entregado a las naciones, y éstas hollarán la ciudad santa por cuarenta y dos meses."

Verdaderamente la guerra contra los Judíos en Jerusalén duro exactamente cuarenta y dos meses. Vespasian fue comisionado por Nero en Febrero en el 67 d.C, y la cuidad cayo en Agosto del 70 d.C.*

Apocalipsis 11:3-12: Dos Testigos en Jerusalén

Capítulo 11 de Apocalipsis nos dice sobre los dos testigos de Dios que estaban presentes en Jerusalén durante su juicio.

> *"Y otorgaré autoridad a mis dos testigos, y ellos profetizarán por mil doscientos sesenta días, vestidos de cilicio."*
> (Ap. 11:3)

¿Quiénes son estos dos testigos?

Maestros futuristas se imaginan dos hombres caminando por las calles de Jerusalén durante una parte de la tribulación de siete años en el futuro.

Los preteristas parciales se imaginan algo completamente diferente. Primero, el contexto es la destrucción de Jerusalén en el 70 d.C. Se nos dice que dos testigos profetizaron por mil doscientos sesenta días, los cuales son tres años y medio, el mismo tiempo que duró la guerra en Jerusalén.* Los dos testigos estaban vestidos de cilicio. Tenían un mensaje trágico que traer. Bajo la ley de Moisés, dos testigos eran requeridos antes que una persona pudiera ser puesta a muerte. Estos dos testigos estaban presentes en Jerusalén, testificando la destrucción inminente.

Juan nos dijo más sobre estos dos testigos:

> *"Estos tienen poder para cerrar el cielo a fin de que no llueva durante los días en que ellos profeticen; y tienen poder sobre las aguas para convertirlas en sangre, y para herir la tierra con toda suerte de plagas todas las veces que quieran."*
> (Ap. 11:6)

Cualquier persona judía leyendo esto habría encontrado una

---

* Flavis Josephus, *The War of the Jews*, VI,ii,1fn; David Currie, *Rapture* (Manchester, NH: Sophia Institute Press, 2003), p. 225.

asociación inmediata con Elías y Moisés. Elías fue el que cerró los cielos para que no lloviera. Moisés fue el que golpeó las aguas y las convirtió en sangre. También, Moisés fue el que soltó las plagas.

Aunque reconocemos esta asociación de los dos testigos de Apocalipsis 11 con Moisés y Elías, necesitamos extender nuestra comprensión. Juan también nos dijo lo siguiente:

"Estos [testigos] son los dos olivos y los dos candelabros que están delante del Señor de la tierra."

(Ap. 11:4)

Los árboles de olivo representan la fuente de donde brota el aceite, esto es, de donde fluye la unción de Dios.

Ahora pregúntate: ¿Qué representan los dos testigos que dieron testimonio a la gente judía a través de la historia? No fueron tan solo Moisés y Elías, pero en el sentido más amplio, fueron la Ley y los profetas. Moisés fue el que dio la Ley, y Elías fue el mayor de los profetas del Antiguo Testamento. Entonces vemos la Ley y los profetas, pero también a Moisés y a Elías como la personificación de la Ley y los profetas.

Por lo tanto, cuando leemos sobre los dos testigos en Jerusalén, debemos ver la voz de Dios, la cual Moisés y Elías trajeron al mundo. Fue esa voz – la Ley y los profetas – que estaba sonando en todas las calles de Jerusalén antes de que viniera la destrucción. La Ley y los Profetas fueron testigos contra la gente judía. Los judíos habían sido infieles en su pacto con Dios, y por lo tanto, juicio venía sobre de ellos.

Sin embargo, la Ley y los Profetas eran también los testigos autoritativos de la iglesia temprana. Mientras los cristianos testificaron a los judíos sobre Jesucristo, no tenían un Nuevo Testamento del cual predicar. Ellos hablaron de la Ley y de los

---

* Este periodo de tiempo varía un poco de los cuarenta y dos meses referidos antes, solo porque el calendario judío está basado en los meses lunares, el cual tiene treinta días por mes.

profetas, convenciendo a muchos que Jesús era el Cristo. Otra vez, vemos como la Ley y los profetas estaban sonando por las calles de Jerusalén.

Juan explicó cómo una bestia (que más tarde mostraremos que es el poder espiritual detrás de un emperador romano) hizo guerra con los testigos y los mató.* Sus cuerpos fueron acostados en las calles de Jerusalén, y la gente se regocijaba (Ap. 11:10).

¿De qué manera dieron muerte a la Ley y los Profetas? Cuando Jerusalén fue destruida por el ejército romano, parecía que todo en lo que los judíos habían puesto su confianza había fallado. Todo había terminado. ¿Cómo podrían levantarse de nuevo? Parecía imposible.

Mientras que los dos testigos se quedaron en silencio, la gente en todo el mundo gentil regocijaba porque la Ley y los profetas también habían dado testimonio contra ellos y sus pecados.

Cuando las aguas volvieron a su cauce tras la destrucción de Jerusalén, *"el aliento de vida de parte de Dios"* regresó a los dos testigos (Ap. 11:11). La voz de la Ley y los profetas se levantaron nuevamente. Luego los dos testigos fueron llamados de regreso al cielo (Ap. 11:12), pero en el mismo tiempo *"hubo un gran terremoto"* (Ap. 11:13). Como hemos explicado antes, en el lenguaje apocalíptico, los terremotos representan una demolición o transferencia de autoridad. De verdad, dos testigos fueron llevados al cielo, pero la Ley y los profetas continuaron sonando por la iglesia. Las voces de dos testigos fueron transferidas a la Iglesia, y por lo tanto continúan aún hoy.

Apocalipsis 11:19: El Nuevo Templo Fue Abierto

Al final del capítulo 11, vemos que Dios reemplazó el templo en la tierra con un nuevo templo en el cielo:

"El templo de Dios que está en el cielo fue abierto; y el arca de su pacto se veía en su templo, y hubo relámpagos, voces y truenos, y un terremoto y una fuerte granizada."

(Ap. 11:19)

Nos podemos dar cuenta de la significancia de este evento cuando reconocemos que más temprano en el capítulo 11 de Apocalipsis el templo en Jerusalén fue destruido. El viejo templo ya no estaba. Un nuevo templo fue abierto. Los truenos, relámpagos, terremoto y granizo marcan el cambio de autoridades. Había un nuevo Sumo Sacerdote en el templo nuevo.

Apocalipsis 11: 15-18: Regocijo en el Cielo

Cuando la destrucción de Jerusalén se cumplió en el 70 d.C. una celebración surgió en los cielos con grandes voces declarando:

"El reino del mundo ha venido a ser el reino de nuestro Señor y de su Cristo; y El reinará por los siglos de los siglos."

(Ap. 11:15)

Esto señala el hecho de que el reino había sido quitado de las manos de los Judios, exactamente como Jesús dijo que sería. (Mt. 21:43).

Siguiendo esto, los 24 ancianos en el cielo se postraron y

---

* Algunos maestros les gusta equiparar los roles de Pedro y Pablo como los dos testigos de la Ley y los profetas, porque los dos predicaron por Jerusalén y los dos fueron puestos a muerte por Nerón probablemente en el 68 d.C.

adoraron a Dios, diciendo:

> *"Te damos gracias, oh Señor Dios Todopoderoso, el que eres y que eras, porque has tomado tu gran poder, y has comenzado a reinar."*

(Ap. 11:17)

El juicio de los judíos estaba completo, pero noten cómo Dios fue alabado porque había *"comenzado a reinar."* Esto significaba que esto solamente era el comienzo y que habría más avance de su reino por venir.

Juan describió cómo *"las naciones se enfurecieron"* (Ap. 11:18) después. El Imperio Romano fue victorioso sobre los judíos en el reino natural; sin embargo los poderes y autoridades espirituales que gobernaban las naciones habían visto a Dios ganar su primera batalla, y ellos sabían que Dios pronto vendría para expandir su reino sobre sus regiones. De verdad, en los capítulos que siguen, vemos a Dios volteando su atención de los judíos y enviando sus juicios hacia el Imperio Romano y luego hacia todas las naciones. Vamos a aprender más acerca de la expansión resultante del reino de Dios en todo el mundo a medida que continuemos nuestro estudio de Apocalipsis 12 y en adelante.

Comentarios Concluyentes Sobre la Guerra Judía

Mientras completamos esta porción sobre el juicio de los judíos, vale la pena comentar sobre nuestra actitud hacia los judíos hoy. Algunos han tomado el juicio de Dios y lo han utilizado para justificar el antisemitismo. Esto pierde sobre del qué se trataba el juicio. Cuando alguien ha sido juzgado, ha pagado su deuda. Ya no puede ser tomado como responsable por las ofensas que alguna vez cometió. Dios terminó su juicio de esos judíos del primer siglo en el 70 d.C.

Generaciones posteriores son responsables por sus propias acciones. En la realidad, los judíos aún hoy tienen un pacto con Dios en el cual son responsables por sus acciones. Si obedecen, serán bendecidos; pero si desobedecen a Dios, ellos serán juzgados (Dt. 28). Ese pacto, nos es dicho, es un pacto eternal (Gn. 17:7, 13; 1 Cr. 16:16-17; Sal. 105:9-10). Sin embargo, los judíos de hoy en día no son responsables por los pecados de sus antepasados como tú y yo no somos responsables por los pecados de ellos. Cada persona es responsable por sus propios pecados (Ez. 18:20).

Finalmente, debemos notar que el continuo pacto de Dios con los judíos les asegura que un día en el futuro cuando él les abrirá sus ojos para que ellos puedan reconocer a Jesús como su Mesías (Rom. 11:24-31). Esto lo discutiremos más en la sección 5.

Apocalipsis 12-14:
Juicio del Imperio Romano

Antes de que entremos al capítulo 12 de Apocalipsis, es de gran ayuda tomar otra vista de pájaro al gran plan de Dios.

Mientras Jesús vivía en la tierra, declaró que el reino de Dios estaba en pie, significando que estaba disponible, alcanzable, y cerca. Este es el reino que fue profetizado a través del Antiguo Testamento, un reino que nunca sería destruido (ej. 1 Cr. 17:11-12). Hace dos mil años Jesús ascendió al cielo y se sentó a la diestra del Padre. Jesús tomó su legítima posición en su trono.

Desde el día en que Jesús se sentó en su trono hace dos mil años, el Padre ha estado activamente sometiendo a sus enemigos y estableciendo el reino de su Hijo. Después de que el reino fue quitado de los judíos, Dios trató con el Imperio Romano. Como aprendimos antes cuando estudiamos Daniel capítulo 2, el reino de Dios desmenuzaría el Imperio Romano y luego continuaría creciendo hasta que llenara la tierra.

Es este entendimiento que debemos cargar con nosotros en nuestro estudio de Apocalipsis. *"Juan estaba en el cielo viendo las cosas que sucederán después de éstas"* (Ap. 4:1). De Apocalipsis 4 en adelante, estamos viendo desde el cielo mientras el reino de Dios está avanzando al punto donde todos los reinos de esta tierra se convierten a reinos de nuestro Señor.

Mientras continuamos nuestro estudio, debemos esperar ver a todos los enemigos de nuestro Señor sumisos, pero en particular, al Imperio Romano, así como Daniel lo había profetizado. Esto pone el escenario para entender Apocalipsis 12 al 14, donde la próxima serie de juicios llevan a la destrucción de Roma en el 410 d.C. y la caída del Imperio Romanos en el 476 d.C.

Apocalipsis 12: La Madre y Su Hijo Varón

Apocalipsis 12 comienza con una visión:

> "Y una gran señal apareció en el cielo: una mujer vestida del sol, con la luna debajo de sus pies, y una corona de doce estrellas sobre su cabeza; estaba encinta, y gritaba, estando de parto y con dolores de alumbramiento."
>
> (Ap. 12:1-2)

¿Quién es esta mujer? ¿Y quién es el hijo al que ella da a luz?

Sabemos que esta mujer tenía gran autoridad con una corona de estrellas en su cabeza y la luna debajo de sus pies. Para entender más sobre quién es ella, identifiquemos a su hijo. Nos es dicho:

> "Y ella dio a luz un hijo varón, que ha de regir a todas las naciones con vara de hierro."
>
> (Ap. 12:5)

Varias veces en el libro de Apocalipsis, Jesucristo es descrito como el que reinará las naciones con una vara de hierro. Mire en el capítulo 19 de Apocalipsis, donde el cielo se abre y Jesús cabalga en un caballo blanco:

> "el que lo montaba se llama Fiel y Verdadero, ... y su nombre es: El Verbo de Dios. ... De su boca sale una espada afilada para herir con ella a las naciones, y las regirá con vara de hierro; ..."
>
> (Ap. 19:11-15)

Con versículos como estos sabemos que Jesús es el Hijo Varón quien estaba destinado a reinar las naciones con una vara de hierro.

La iglesia católica romana históricamente ha enseñado que es María, la madre de Jesús. Algunos maestros han declarado que es la nación judía. Aún otros han enseñado que es la iglesia.

Estamos pensando muy pequeño si nos conformamos con cualquiera de estas explicaciones. Debemos pensar en términos espirituales. Juan estaba viendo estas visiones mientras en el cielo está recibiendo comunicación espiritual de dinámicas espirituales.

Para identificar el concepto de madre espiritual o padre espiritual, considere cómo Jesús habló críticamente sobre los líderes religiosos judíos: *"Vosotros sois de vuestro padre el diablo, y los deseos de vuestro padre queréis hacer"* (Juan 8:44). Jesús les dijo que el diablo era su padre, pero no quiso decir que el diablo literalmente tuvo relaciones sexuales con sus madres humanas. Sino, él hablaba de cómo sus pensamientos, motivaciones y deseos estaban siendo nacidos y nutridos por el diablo.

En otro pasaje Jesús explicó:

> *"Lo que es nacido de la carne, carne es; y lo que es nacido del Espíritu, espíritu es."*
>
> (Juan 3:6)

Es en este sentido de ser nacidos que debemos entender las dinámicas espirituales de un padre o una madre.

Por lo cual, cuando leemos de una madre dando a luz a un Hijo Varón, vemos a esta madre por las edades. Comenzando en el Jardín del Edén, Dios le prometió a Eva que su simiente heriría la cabeza de Satanás (Gn. 3:15). Le prometió a Abraham que su simiente – que es Jesús - sería una bendición a toda la tierra (Gá. 3:16). A David, le prometió que uno de sus descendientes establecería un reino que perduraría para siempre (1 Cr. 17:11-12). Al pueblo judío, le prometió en repetidas veces que el Mesías saldría de ellos. Finalmente, claro que María sí dio a luz al Hijo.

¿Quién es entonces esta madre quien dio a luz a Jesús? Es Eva, es Abraham, es David, es el pueblo judío, es María; es el corazón de Dios, sus promesas siendo recibidas por el pueblo de Dios. Es el Espíritu de Dios cuidando como una madre a su propio Hijo para que pueda venir al mundo.

Con esta comprensión podemos ver como esta mujer tiene muchos hijos. Pablo explicó que ella es madre de nosotros (Gal. 4:26). Jesús fue su primero pero el Espíritu de Dios ha dada a nacer a millones en la familia of Dios.

Apocalipsis 12 nos muestra que el primogénito – el Hijo Varón – estuvo en este mundo por solo un corto tiempo: *"y su hijo fue arrebatado hasta Dios y hasta su trono"* (Ap. 12:5). De verdad, Jesús hizo su obra en la tierra durante un tiempo relativamente corto y luego ascendió al cielo, donde fue sentado a la diestra del trono de Dios.

Apocalipsis 12: ¿Qué Es el Gran Dragón Escarlata?

El capítulo 12 cuenta sobre un dragón intentando devorar al Hijo Varón en su nacimiento. ¿Quién es ese dragón? Apocalipsis 12:9 nos dice que el gran dragón es *"el diablo y Satanás, el cual engaña al mundo entero"*. Aquí, también podemos identificar el ente natural a través del cual Satanás estaba funcionando en el mundo.

En el lenguaje apocalíptico varias bestias se referían a reinos, reyes, o poderes espirituales detrás de aquellos reinos. Por ejemplo, Daniel explicó cómo las bestias en sus visiones representaban varios reinos (Dn. 7:23: *"La cuarta bestia será un cuarto reino en la tierra"*). También registró cómo las bestias pueden representar los reyes sobre ciertos reinos (Dn. 7:17: *"Estas cuatro grandes bestias son cuatro reyes que se levantarán en la tierra"*). En algunos pasajes Daniel especificó varios tipos de bestias que representaban ciertos reinos. Por ejemplo, en Daniel 8:20, él explicó que un carnero con dos cuernos significaba los dos reyes de Media y Persia. El declaró que en una de sus visiones un cabrío representaba el reino de Grecia (Dn. 8:21). En esa visión también se refirió a otros reinos como las otras bestias (Dn. 8:4).

¿Cuál fue entonces el gobierno natural a través del cual trabajaba el gran dragón escarlata?

Pues, nos es dicho que el dragón intentó matar al Hijo Varón. Entonces, ¿quién trató de matar a Jesús en su nacimiento? En el sentido espiritual fue Satanás pero en lo natural, fue Herodes, quien actuó en su autoridad bajo el gobierno romano. Herodes razonó que debía parar el nacimiento del que amenazaba el trono. Así, vemos una correlación entre Satanás y su obra llevado a cabo por medio del gobierno romano.*

Tenemos más indicadores que el dragón era el gobierno romano cuando leemos que el gran dragón escarlata tenía *"siete cabezas y diez cuernos"* (Ap. 12:3). ¿Qué son estas cabezas y cuernos? En el libro de Daniel nos es mostrado que cabezas y cuernos representan varias figuras de autoridad dentro de los gobiernos. Por ejemplo, Daniel 7:24 nos dice: *"Y los diez cuernos significan que de aquel reino se levantarán diez reyes;"* Más tarde en Apocalipsis nos es dicho específicamente que *"Y los diez cuernos que has visto, son diez reyes,"* (Ap. 17:12). Por lo tanto, las siete cabezas y los diez cuernos del dragón representan siete y diez autoridades gobernantes dentro del Imperio Romano.

Mientras estudiamos la historia, descubrimos una correspondencia asombrosa entre los líderes del Imperio Romano y las siete cabezas y diez cuernos mencionados en

---

* La mayoría de los maestros futuristas también asocian el gran dragón con el Imperio Romano, pero porque ellos ven Ap. 4 al 18 siendo cumplidos en un periodo futuro de siete años de tribulación, ellos tienen que creer que habrá un Imperio Romano resucitado que se levantará entre ahora y la segunda venida de Jesús.

Apocalipsis. Hubo siete Césares a través del Imperio Romano: Julio César, después su hijo adoptivo Augusto y los cinco miembros de la familia de Augusto, quienes reinaron hasta el 68 d.C.. Estos siete corresponden a las siete cabezas del dragón.

Siete Césares del Imperio Romano:

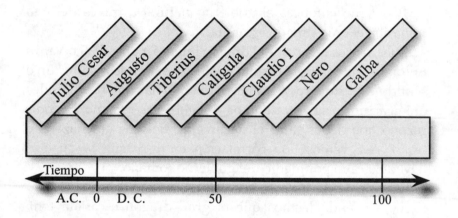

También sabemos que el Imperio Romano fue dividido en diez provincias con diez reyes gobernando esas provincias. Esto corresponde a los diez cuernos del dragón.

Las Diez Provincias del Imperio Romano:

Italia	Achaia
Asia	Syria
Egipto	Africa
España	Gaul
Britania	Alemania

Ahora piensa en el Imperio Romano en términos espirituales.

Juan está en el cielo viendo dinámicas espirituales que tienen consecuencias en este mundo natural. Por consiguiente, entendemos que el dragón no es tan solo el gobierno romano, sino que es el poder espiritual detrás del gobierno romano. Esto no significa que todo lo del Imperio Romano era malvado, pero era el gobierno más fuerte en el mundo en aquel tiempo, y Satanás era dios del mundo. Satanás – en la forma del gran dragón escarlata – fue capaz de manipular y controlar a la humanidad a través de los líderes romanos. La evidencia más obvia de esto es el hecho que los líderes romanos trataron de matar a Jesús en su nacimiento y eventualmente fueron los que lo crucificaron. Después ellos fueron los que mataron a cientos de miles de cristianos durante la gran persecución durante el primer siglo y el segundo.

Escatología Victoriosa

Apocalipsis 12: Batalla en los Cielos

Una vez que hemos identificado al dragón como el poder espiritual (Satanás) activo por medio del Imperio Romano, podemos entender la guerra que Juan miraba del cielo:

"Entonces hubo guerra en el cielo: Miguel y sus ángeles combatieron contra el dragón. Y el dragón y sus ángeles lucharon, pero no pudieron vencer, ni se halló ya lugar para ellos en el cielo. Y fue arrojado el gran dragón, la serpiente antigua que se llama el diablo y Satanás, el cual engaña al mundo entero; fue arrojado a la tierra y sus ángeles fueron arrojados con él."

(Ap. 12:7-9)

Esta fue una guerra espiritual en el cielo que tuvo consecuencias naturales en la tierra.

Muchos cristianos han entendido incorrectamente esta guerra en ser una memoria de lo que pasó hace mucho tiempo antes de que este mundo fuera creado. Utilizan este pasaje para enseñar que Satanás una vez fue un ángel bueno quien cayó del cielo miles o hasta millones de años atrás.

En verdad, este pasaje describe la guerra que tomó lugar después de que Jesús ascendiera al cielo y se sentó a la diestra del Padre hace dos mil años. Sabemos esto porque Juan estaba en la sala del trono de Dios. Jesús le dijo a Juan que le mostraría las cosas que sucederían en el futuro – esto es, en el futuro de Juan - (Ap. 4:1). Dios estaba ejecutando sus juicios y extendiendo su dominio a través de los cielos. Esa es la guerra entre Miguel y el dragón.

Después de que Satanás y sus ángeles fueron arrojados de los cielos, Juan oyó una gran voz en el cielo, diciendo:

"Ahora ha venido la salvación, el poder, y el reino de

nuestro Dios, y la autoridad de su Cristo; porque el
acusador de nuestros hermanos, el que los acusa delante
de nuestro Dios día y noche, ha sido arrojado."

(Ap. 12:10)

Algunos cristianos tienen dificultad en aceptar esta idea de que Satanás fue arrojado del cielo durante el primer siglo. En vez de ésto, ellos tienen fijo en sus mentes la idea que Satanás fue arrojado antes de que este mundo fuera creado. Claro, Satanás no tenía autoridad en el sala del trono de Dios durante el primer siglo, pero noten como en el pasaje que acabamos de citar, Satanás estaba acusando a los hermanos delante de Dios día y noche. Esto no podría estarse refiriendo a Satanás siendo arrojado del cielo antes de que este mundo fuese creado porque "los hermanos" no existían en ese tiempo. No, este pasaje fue cumplido en el primer siglo.

Aún en el primer siglo, Satanás tenía acceso al cielo. Recuerden como en los días de Job, Satanás caminó directamente ante la presencia de Dios (Job 1:6, 2:1; vea también Zac. 3:1) Satanás era el príncipe del poder del aire. Es más, aún era dios de este mundo durante el principio del primer siglo. Es por esto que le pudo ofrecer a Jesús todos los reinos de este mundo si Jesús simplemente se postraba ante él (Mt. 4:8-9).

La buena noticia es que hace dos mil años, La Roca – que es Jesús – vino a este mundo, y el reino de Dios comenzó aplastando a todos los demás reinos. Jesús les dijo a sus discípulos que el tiempo había llegado:

"Ya está aquí el juicio de este mundo; ahora el príncipe
de este mundo será echado fuera."

(Juan 12:31)

Primero, los derechos al reino de Dios fueron quitados de los judíos, y luego el reino de Dios comenzó a aplastar al Imperio Romano. El poder malvado detrás del Imperio Romano fue arrojado de los cielos. El poder de Satanás sobre las naciones fue quebrantado.

Una vez que Satanás fue arrojado del cielo, le debilitó pero eso no signifca que no siga activo. De hecho, nos es dicho:

> *"¡Ay de la tierra y del mar!, porque el diablo ha descendido a vosotros con gran furor, sabiendo que tiene poco tiempo."*   (Ap. 12:12)

Satanás fue arrojado del cielo, pero él vino a la tierra. Entonces él persiguió a los hijos de la mujer:

> *"Entonces el dragón se enfureció contra la mujer, y salió para hacer guerra contra el resto de la descendencia de ella."*   (Ap. 12:17)

Históricamente, sabemos que el Imperio romano comenzó su intensa persecución de los cristianos durante el reino del Emperador Nerón entre el 54 y 68 d.C.. Después del incendio en Roma en el 64 d.C., Nerón se aseguró que miles de cristianos fueran crucificados, cocidos en las pieles de animales salvajes y luego devorados por perros salvajes, amarrados a toros desquiciados y arrastrados hasta la muerte, o puestos en alquitrán y encendidos en fuego. Los historiadores marcan aquel periodo de tiempo como la gran persecución.[*]

Cuando estudiamos la caída de Satanás a la tierra, debemos considerar el momento cuando los emperadores romanos comenzaron a demandar adoración de la gente. Los emperadores anteriores se negaron a recibir la adoración, pero poco a poco los templos a la divinidad del emperador se construyeron en todo el imperio. Cada emperador tomó el título de Augusto o Sebastos, lo cual significaba "uno para ser adorado." Para el tiempo del Emperador Decio (249-251 d.C.),

---

[*] Cornelius Tacitus, *Annals of Imperial Rome* (New York: Penguin Books, 1989), XV, 44.

la adoración al emperador fue demandada de todas las razas (excepto de los judíos) y naciones dentro del imperio. Cada ciudadano romano tenía que venir al templo de César en un cierto día de cada año, quemar una pizca de incienso, y luego declarar, "César es el Señor."

Nadie puede decir por cierto, pero tal decepción entre los emperadores nos hace preguntar si Satanás habia aferrado de sus mentes y corazones.

Aún, su malevolencia no duró mucho más, porque nos dicen que Satanás tenía poco tiempo y verdaderamente lo vemos: el imperio romano se dirigía a la destrucción.

Satanás Cae a la Tierra con Gran Ira:

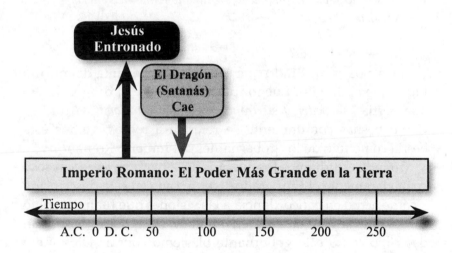

Apocalipsis 13: La Bestia del Apocalipsis

El capítulo 13 comienza con el dragón – la fuerza de maldad detrás del Imperio Romano – parado en la arena en la orilla del mar. En la realidad, el Imperio Romano sí pareció levantarse del Mar Mediterráneo sobre la península Italiana. Además, debemos considerar cómo el mar en lenguaje profético algunas veces representa la masa de la humanidad (Ap. 17:15). Por consiguiente, podemos identificar el Imperio Romano levantándose del mar de la humanidad.

Luego Juan describió una bestia:

"Vi que subía del mar una bestia que tenía diez cuernos y siete cabezas." (Ap. 13:1)

¿Quién es esta bestia?

Pues, nos es mostrado que esta bestia se levanta del mismo lugar que el dragón. Luego Juan explicó que el dragón le dio a la bestia *"su poder y su trono, y grande autoridad"* (Ap.13:2). Como bestias comúnmente se referían a reinos, vemos esta bestia como uno de los gobernantes del Imperio Romano.

Cuando estudiamos los eventos de la historia, es asombroso cuán claramente el Emperador Nerón cabe en esta descripción y cómo actuó en concordancia a las visiones que Juan describió en los pasajes siguientes en el libro de Apocalipsis. Juan describió cómo este gobernante blasfemó contra Dios y era extremadamente malvado (Ap. 13:5-7). Es verdaderamente difícil imaginar a algún gobernante más malvado que Nerón. Disfrutando de la adoración que la gente le ofrecía, mandó que construyeran una imagen de él mismo en Roma de ciento veinte pies de alto. En Efesios se han encontrado inscripciones llamando a Nerón "Dios Todopoderoso" y "Salvador." Él mandó matar a muchos miembros de su propia familia, incluyendo a su propia esposa embarazada, a quien mató a patadas. Nerón fue evidente y público con su actividad homosexual. Se casó con un niño con todas las ceremonias usuales y públicas, y luego lo castró para tratarlo como su esposa. También llevó una relación incestuosa con su madre. A veces Nerón se vestía como una bestia salvaje y atacaba, violaba y asesinaba a prisioneros tanto hombres como mujeres. Él disfrutaba de atacar los órganos sexuales de los presos con sus dientes. Tomaba gran placer en ver la gente torturada y sufriendo las muertes más atroces. Finalmente, a la edad de 31 años se mató.

F.W. Farrar

Todos los anteriores escritores cristianos sobre el Apocalipsis, desde Irenaeus hasta Victorious de Pettau y Commodian en el cuarto y Andreas en el quinto, y San Beatus en el octavo siglo, conectan a Nerón o algún emperador Romano, con la bestia Apocalíptica.

(*The Early Days of Christianity,* 1884, p. 541 Dec. 1, 07, http://www.preteristarchive.com/Study Archive/f/farrar-fw_westminster_html)

Jerome

Y hay muchos de nuestro punto de vista quienes piensan que Domitio Nerón fue el anticristo por su salvajería y depravación sobresaliente.

(*Commentary on Daniel,* notes on Daniel 11:27-30. Dec. 1, 07, http://www.preteristarchive.com/ StudyArchive/j/jerome_saint_html)

Fue una corriente común por la iglesia temprana creer que Nerón era la bestia de Apocalipsis. También, algunos fuera de la cristiandad se refería a Nerón como una bestia. Por ejemplo, Apolonio de Tiana escribió:

> *En mis viajes, los cuales han sido más anchos que cada hombre ha cumplido, yo he visto muchas, muchas bestias salvajes de Arabia e India; pero esta bestia, que es comúnmente llamado un tirano, yo no se cuantas cabezas tenga, ni si sea chueca de garra, y armada con colmillos horribles... Y de las bestias salvajes no puedes decir que se ha conocido que se coman su propia madre, pero Nerón se ha hartado en esta dieta.*[*]

Apocalipsis 13:3: Herido y Después, Sanado

Juan escribió más sobre la bestia:

> *"Vi una de sus cabezas como herida de muerte, pero su herida mortal fue sanada."*
>
> (Ap. 13:3)

Esta cercana experiencia a la muerte corresponde con el periodo en el cual el imperio romano casi fue destruido. No tan solo un tercio de Roma fue encendida en el 64 d.C., pero en los años aledaños al reino de Nerón cuatro emperadores fueron asesinados, hubo tres guerras civiles, y numerosas guerras foráneas se desataron alrededor del imperio. Josefo escribió que Roma estaba cerca de la "ruina"[1] y "cada parte de la tierra habitable debajo de ellos estaba en condición inestable y tambaleante"[2] Tacitus describió más allá las

---

[*] Philostratus, *Life of Apollonius*, cited in John T. Robinson, *Redating the New Testament* (Philadelphia, PN: Westminster, 1976) p. 235.

condiciones del imperio y escribió que casi era el fin.[3] No fue hasta que Vespasiano fue emperador que el Imperio Romano experimentó un regreso a la paz y el orden.

Apocalipsis 13:5-8: La Persecución de los Santos

Como mencionamos varias veces, Nerón fue el emperador que ordenó la gran persecución de la iglesia temprana después de que se quemó la ciudad de Roma. Juan explicó como le fue dada autoridad a la bestia por cuarenta y dos meses, esto es tres años y medio, para blasfemar y *"hacer guerra contra los santos, y vencerlos"* (Ap. 13:7). Asombrosamente, la persecución de Nerón contra los cristianos sí duró exactamente cuarenta y dos meses, desde la mitad de noviembre en el 64 hasta el comienzo de junio en el 68, cuando cometió suicidio.[4]

Esto cabe perfectamente con la descripción que Juan dio de la bestia quien fue dado poder por el gobierno Romano, persiguió a los santos por cuarenta y dos meses, y tuvo a toda la gente adorándolo (Ap. 13:8).

Algunas traducciones bíblicas dicen que toda la gente del mundo lo adoraba, pero vale la pena apuntar nuevamente que la palabra tierra está traducida de la palabra griega *ge*, la cual también puede ser traducida como terreno. Por consiguiente, entendemos que Juan estaba describiendo lo que aconteció en la tierra y en este contexto, era el terreno del Imperio Romano donde toda la gente estaba requerida en adorar al emperador.

---

[1] Flavius Josephus, *The Wars of the Jews*, iv.xi:5.
[2] *Ibid.*, vii.iv:2.
[3] Cornelius Tacitus, *Histories*, 1.11.
[4] David Chilton, *Paradise Restored* (Tyler, TX: Domination Press, 1994), p. 179.

Apocalipsis 13:16-18: La Marca de la Bestia

Juan dio un número con el cual la bestia pudiera ser identificada: 666. Este número ha levantado tremenda controversia en la iglesia moderna y ha sido utilizado por predicadores, escritores, y cineastas para infundir temor en los corazones de millones. Nosotros, sin embargo, debemos intentar comprenderlo como lo fue entendido por la gente que primero leyó los escritos de Juan.

Es un hecho bien conocido que el nombre de Nerón es equivalente al 666. Esto es verdad porque las letras del alfabeto hebreo poseían valores numéricos. Es similar a como ciertas letras en el alfabeto romano son utilizadas como números: "I" significa 1; "V" significa 5; "X" significa 10; "L" significa 50; "C" significa 100; y "D" significa 500. Por lo tanto, si vemos las siguientes letras romanas, DCLXVI, sabemos que esto es numéricamente equivalente a 666. Esto no es difícil de resolver para cualquiera que entienda números romanos.

Ni fue difícil para cualquier judío instruido leer el número del nombre de Nerón. Él deletreo hebreo de Nerón César era *Nrwn Qsr* (pronunciado Neron Kesar). El equivalente hebreo de este nombre es 666.[*]

¿Por qué utilizó Juan el número 666 en vez de simplemente utilizar el nombre de Nerón? Juan estaba escribiendo a cristianos que estaban bajo terribles persecuciones. Sus familiares y amigos estaban siendo torturados y asesinados por todo el imperio. Si cualquier cristiano fuera capturado con un libro en el cual Nerón fuera puesto en mal, ese cristiano podría esperar ser inmediatamente arrastrado a la prisión o enviado a los coliseos. Sin embargo, los cristianos tempraneros

---

[*] Kurt Simmons, *The Consummation of the Ages* (Carlsbad, NM: Bimi-llennial Preterist Association, 2003), p. 268; R. C. Sproul, *The Last Days According to Jesus* (Grand Rapids, MI: Baker Books, 1998), pp. 186-188.

eran en su mayoría judíos convertidos, y por lo tanto ellos podían entender el significado del numero 666. Para ellos no habría sido ninguna duda que Nerón era al que Juan se estaba refiriendo. Él era el que estaba matando a sus líderes, amigos y familiares.

Vale la pena tomar un momento para hablar sobre la discusión sin fin en los círculos futuristas sobre alguna persona en el futuro representada por este número. Las historias mas fascinantes están centradas alrededor de las enseñanzas futuristas de que algún día habrá un anticristo que literalmente tomará control de los sistemas económicos del mundo y luego de los gastos de toda la humanidad. Este control será posible porque el anticristo demandará que cada persona reciba un chip computarizado en su frente o en su mano derecha.

En realidad, la palaba "anticristo" nunca es mencionada ni un vez en el libro entero de Apocalipsis. El único lugar donde es utilizada la palabra "anticristo" es en 1 y 2 de Juan. No hay ninguna base bíblica para relacionar a la bestia de Apocalipsis con el anticristo mencionado en las cartas de Juan (discutiremos el anticristo en la sección 6).

Ahora, vale la pena notar realmente cuan fuera de balance están las enseñanzas futuristas sobre la marca (sello) de la bestia. Considere como una persona hoy puede entrar en la mayoría de las librerías y encontrar varios libros que hablan sobre la marca de la bestia, cada libro dando la interpretación del autor de alguna figura futura del anticristo. Al mismo tiempo podemos encontrar pocos libros de autores cristianos que han escrito sobre el sello de Dios. ¿Sabías que la marca de Dios, el sello de Dios, y el nombre de Dios, el cual está escrito en las frentes de su pueblo, son mencionados en el libro de Apocalipsis exactamente el mismo número de veces que la marca de la bestia? Ambos son mencionados siete veces. Esto nos debe decir algo. El hecho que los futuristas están siempre hablando sobre la marca de la bestia y nunca mencionan el sello de Dios, nos debe de decir que las cosas están fuera de balance en sus enseñanzas. Como cristianos, ¿no deberíamos estar más interesados en el sello de Dios – quien está vivo hoy y activo en nuestras vidas – que en lo que estamos en la marca de la bestia que ni siquiera sabemos si existe?

Ademas debemos entender la marca de la bestia en la mentalidad similar a como entendemos el sello de Dios. Esto significa que si la marca de la bestia es entendida literalmente, entonces debemos entender literalmente el sello de Dios. Por otro lado, si tomamos la marca de la bestia espiritualmente, entonces debemos tomar el sello de Dios espiritualmente. Eso es simple honestidad e integridad en la manera que interpretamos la Escritura. Se habla sobre ambas marcas en el libro de Apocalipsis y aún juntas en el mismo capítulo (capítulo 14).

Entonces ¿por qué los futuristas ponen temor en la gente hablando sobre un chip computarizado siendo puesto en las frentes o en la mano derecha de la gente? ¿También creen que la marca (sello) de Dios será un chip computarizado? Claro que no. Esto apunta a la tontería que es esta idea de un chip. Nuevamente, si decimos que uno es literal, entonces el otro es literal. Si uno es espiritual, entonces el otro es espiritual. Debemos ser consistentes en la manera que usamos la Escritura.

Los preteristas parciales creen que ambas marcas deben ser entendidas en un sentido espiritual. Aquellas personas que se dan a las obras de Satanás tendrán la marca de la maldad en sus mentes y en las obras de sus manos. Aquellos que se dan a Dios tendrán el sello de Dios en sus mentes y en las obras de sus manos. El sello de Dios sobre su pueblo (gente) es su Espíritu, aquellos que dan su vida y sus corazones a Satanás estarán marcados por el espíritu del malvado.

Sin embargo, ahora tenemos que poner esta discusión entera en el contexto en el que fue escrito el libro de Apocalipsis. El apóstol Juan estaba escribiendo a los verdaderos cristianos que estaban sufriendo verdadera persecución. Esa persecución estaba siendo llevada a cabo bajo un hombre el cual su nombre es equivalente a 666. Para los cristianos del primer siglo ese significado era obvio.

Apocalipsis 14:1-5: 144,000 Cristianos

El capítulo 14 de Apocalipsis comienza con ciento cuarenta y cuatro mil del pueblo de Dios parados ante el trono en el cielo, cantando un canto nuevo. No como los ciento cuarenta y cuatro mil mencionados en el capítulo 7, estos no son de las tribus de Israel. Estos son los primeros cristianos teniendo el nombre de Jesús y el nombre de su Padre escrito en sus frentes (Ap. 14:1). Estos son los fieles que no lo negaron mientras se encontraban en la tortura y muerte durante la gran persecución. La historia nos dice que hubo dos grandes persecuciones durante el primer siglo, la primera durante el reino de Nerón (64-68 d.C.) y la segunda durante el reino de Domiciano (81-96 d.C.). Apocalipsis 14 dice que los mártires eran ciento cuarenta y cuatro mil, pero nuevamente, podemos tomar este número literalmente o como representando una multitud. También se nos dice:

"Estos han sido rescatados de entre los hombres como primicias para Dios y para el Cordero."

(Ap. 14:4)

Los ciento cuarenta y cuatro mil cristianos dieron sus vidas como mártires.

Escatología Victoriosa

Apocalipsis 14:6-7: El Evangelio Va Hacia Adelante

Después de haber visto los santos mártires en el cielo, Juan vio *"volar en medio del cielo a otro ángel que tenía un evangelio eterno para anunciarlo a los que moran en la tierra."* (Ap. 14:6). De esto debemos esperar ver una cosecha de almas, y de verdad sí lo vemos, pero para identificarlo en la historia necesitamos ver el evento el cual nos es dicho que acompaña esta gran cosecha.

Apocalipsis 14:8: El Espíritu de Babilonia

Inmediatamente después de que el ángel de la cosecha se fue, otro ángel le siguió, declarando:

> *"¡Cayó, cayó la gran Babilonia!; la que ha hecho beber a todas las naciones del vino de la pasión de su inmoralidad."* (Ap. 14:8)

¿Qué es esta Babilonia? ¿Y por qué corresponde la caída de Babilonia con un ángel saliendo a predicar el evangelio por todo el mundo?

Para identificar a Babilonia, recuerden que Juan está en el cielo viendo dinámicas espirituales que tienen consecuencias naturales. Por lo tanto, no debemos pensar en Babilonia como la ciudad con ese nombre, pero debemos ver más profundo y ver el poder detrás de esa ciudad.

Es más fácil ver los poderes espirituales detrás de las ciudades cuando nos damos cuenta que por miles de años los gentiles en casi cada ciudad adoraban a sus propios dioses. Claro, ellos no eran realmente dioses, pero eran estatuas muertas, seres imaginarios, o demonios. Satanás y sus seguidores aceptaron la adoración de los seres humanos,

186

y por lo tanto, los asociaban con ciertas ciudades.

A través de la historia Babilonia había sido conocida como un lugar de pecado, especialmente el pecado del orgullo humano. Es allí donde se construyó la Torre de Babel. Esa torre representó los esfuerzos de la gente para exaltarse a sí misma. Luego más tarde en los días de los profetas, el rey de Babilonia mostró la arrogancia mayor cuando declaró, *"Subiré al cielo; en lo alto, junto a las estrellas de Dios, levantaré mi trono,"* (Isaías 14:13). Similarmente, en el libro de Apocalipsis leemos cómo Babilonia se ha *"glorificado y ha vivido en deleites,"* (Ap. 18:7). Juan notó su arrogancia y escribió como dijo en su corazón, *"Yo estoy sentada como reina,"* (Ap. 18:7).

Al describir esto, no intentamos reducir a Babilonia a un espíritu demoniaco que solamente induce orgullo en la gente, pero como el orgullo es la más obvia característica, simplemente nos referiremos al poder malvado detrás de Babilonia como un espíritu de orgullo. Si pensamos de Babilonia en esta manera, entonces podemos entender cómo ella pudo tomar a un rey y pervertir su mente con orgullo y exaltación propia. Por consiguiente, Babilonia puede verse como el poder espiritual detrás de líderes que tuvieron gran éxito, pero el tipo de éxito que meramente glorificaba la humanidad.

La ciudad de Babilonia fue destruida junto con su imperio, pero el espíritu de orgullo continuó trabajando en la tierra. Por esta razón podemos ver ese mismo orgullo activo hasta cierto punto en los líderes de los imperios quienes desplazaron el Imperio Babilónico: el Imperio Medo-Persa, el Imperio Griego, y el Imperio Romano. Los césares y emperadores de Roma aún mostraron algunos de los mismos patrones de pensamiento de afirmar ser deidad y creyendo que podían exaltar sus tronos al cielo.

Escatología Victoriosa

Apocalipsis 14:8: La Caída de Babilonia

Ya hicimos notar cómo había una correspondencia entre la caída de Babilonia (Ap. 14:8) y un incremento en la predicación del evangelio (Ap. 14:6-7). Juan nos da una imagen aún mejor de esto cuando describe a Jesús saliendo a recoger la cosecha:

> *"Entonces salió del templo otro ángel clamando a gran voz al que estaba sentado en la nube: Mete tu hoz y siega, porque la hora de segar ha llegado, pues la mies de la tierra está madura. Y el que estaba sentado en la nube blandió su hoz sobre la tierra, y la tierra fue segada."*
> (Ap. 14:15-16)

Jesús recogió una cosecha de almas.

¿Cuándo sucedió esto, y por qué correspondió con la caída de Babilonia?

Cuando estudiamos la historia, aprendemos que el evento singular más significante (a parte de la muerte y resurrección de Jesús) que sucedió en el Imperio Romano, en lo que concierne al cristianismo, tomó lugar en los años 312 y 313 d.C. Previo a ese tiempo, los cristianos eran perseguidos, con algunos periodos más intensos que otros. Decenas de miles de cristianos eran torturados y asesinados. Luego vino el Emperador Constantino. Antes de entrar a una gran batalla vio una visión que le indicaba que si peleaba bajo la señal de Cristo, entonces tendría la victoria. Constantino hizo que sus soldados marcaran sus escudos con las primeras dos letras del nombre de Cristo (chi y rho) y luego salir a la batalla. Ellos ganaron una gran victoria, por lo que Constantino se hizo un partidario fuerte del cristianismo. En el 313 d.C. Constantino hizo una ley legalizando el cristianismo. En los años siguientes, dio muchos regalos a la iglesia cristiana, incluyendo donaciones extensivas de propiedades. Constantino también construyó la

188

primera gran catedral cristiana en Roma, y construyó muchas iglesias en ciudades alrededor del imperio.

El cristianismo explotó en crecimiento durante ese periodo. Cientos de miles de gentes afirmaron nueva alianza a la fe cristiana. Hoy mientras estudiamos la historia no sabemos si esa multitud uniéndose a la iglesia fue realmente sincera en su compromiso a Cristo, sin embargo la abrumadora mayoría del Imperio Romano afirmaba ser cristiana para el fin del quinto siglo.[*]

El día en que Constantino se arrodilló a Jesús, el mundo cambió. Constantino se humilló. El espíritu reinante de orgullo (Babilonia) perdió su posición de autoridad. Jesús inmediatamente comenzó cosechando el imperio. Un ángel fue soltado con el evangelio (Ap. 14:6-7), y Jesús soltó su hoz (Ap. 14:14-16).

Note la correspondencia entre Babilonia cayéndose y el evangelio siendo predicado. Tal correspondencia es similar a la que vemos en el Evangelio de Lucas, donde los discípulos salieron a predicar. Cuando ellos regresaron, Jesús dijo, *"Yo veía a Satanás caer del cielo como un rayo"* (Lucas 10:18). Había una correspondencia directa entre el evangelio siendo predicado y Satanás cayendo del cielo. Así también cuando Babilonia cayó, la gran cosecha del Imperio Romano ocurrió.

Al describir estos eventos no intentamos implicar que esta sea la única explicación razonable para la caída de Babilonia. Nadie puede decir de seguro lo que realmente ocurrió en el reino espiritual en un tiempo específico de la historia. Simplemente estamos tomando los hechos comúnmente aceptados de la historia y buscando ver como los eventos históricos pueden corresponder con lo que Juan describió en el reino espiritual. Sabemos que la expansión del reino de Dios era de aplastar el Imperio Romano. Es difícil encontrar cualquier tiempo de la historia que fue más aplastador al reino de

---

[*] Kenneth Scott Latourette, *A History of Christianity,* vol. 1, (New York: Harper and Row, 1975), p. 97.

Satanás, acompañado por una cosecha de almas, que la conversión de Constantino y la cosecha resultante durante el cuarto y quinto siglo.

Babilonia Cae y Jesús Cosecha:

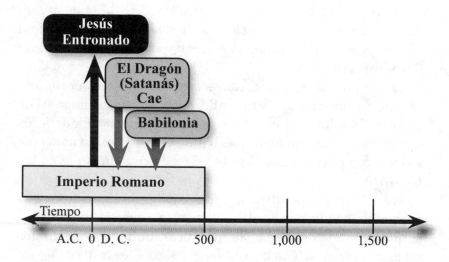

Durante ese tiempo el espíritu de Babilonia perdió su posición de dominio. El emperador se postró a Jesús en vez de a Babilonia. Ese espíritu de orgullo ya no estaba en autoridad para controlar el imperio. El espíritu malvado permaneció activo en la tierra, y en efecto, aún esta activo hoy. Sin embargo, había caído de su posición de dominio. Podría trabajar en los corazones de los individuos desde ese día en adelante, pero nunca podría levantarse a un nivel donde pueda engañar a una región tan grande del mundo porque ¡Jesucristo es Señor!

Apocalipsis 17: ¿Quién es la Ramera?

Junto al lado de Babilonia, Juan nos dice sobre una Ramera. ¿Quién es esta Ramera?

Primero, podemos notar que una Ramera es una mujer quien seduce los corazones de los hombres. De verdad, Juan dijo que *"con ella los reyes de la tierra cometieron actos inmorales,"* (Ap. 17:2). Juan también describió como la Ramera estaba ebria de la sangre de los santos (Ap. 17:6). Mientras la Ramera trabajó con Babilonia, nos es dicho que *"todas las naciones fueron engañadas por tus hechicerías. Y en ella fue hallada la sangre de los profetas, de los santos y de todos los que habían sido muertos sobre la tierra"* (Ap. 18:23-24).

La mayoría de los maestros de Apocalipsis hacen una asociación entre la Ramera y religión. Es difícil ser decisivo sobre esto, pero nos es dicho que los reyes se habían unido con ella para cometer sus actos indecentes (Ap. 17:2). En efecto, los gobernantes habían utilizado la religión por siglos para justificar la matanza de los profetas y santos. Aun la muerte de Jesús fue orquestada por los líderes religiosos de su día.

En este contexto, mientras utilizamos la palabra "religión," no estamos hablando del cristianismo en un buen sentido de ser una religión. Sino, estamos utilizando el término en el sentido negativo de las conductas ritualistas de la gente y sus intentos vanos para complacer seres divinos. A través de la historia varios reyes y gobernantes se unieron (cometieron adulterio) con la religión (la Ramera) para poder controlar a la gente a través de utilizar su temor, culpa, manipulación y dominio. Es en este sentido de control que estamos hablando sobre un "espíritu de religión." Para ser más exactos diríamos que es un demonio o demonios que controlan a la gente a través de la religión. La religión no es necesariamente malvada, pero los demonios que trabajan a través de la religión sí lo son.

191

Es interesante notar los pretextos bajo los cuales el Imperio Romano perseguía a los primeros cristianos. La acusación común más simple en su contra era que ellos eran ateos. Esto puede parecer extraño para nosotros porque sabemos que ellos adoraban al Dios verdadero, pero antes del 312 d.C. el Imperio Romano fomentaba la adoración de muchos dioses. Cuando los cristianos se rehusaron a ofrecer tal adoración, los vieron como rechazando a los dioses y por lo tanto ser ateos. Con esto en contra de ellos, fueron torturados y martirizados. Por consiguiente, podemos ver que un espíritu de religión se embriagó de la sangre de los santos.

Juan nos dice que la ramera se sienta sobre siete montes (Ap. 17:9). En el mismo contexto dijo que esos siete montes son siete reyes. Esto es un lenguaje similar al utilizado anteriormente para describir a Roma. El Imperio Romano no tan solo tenía siete césares, pero la ciudad de Roma estaba rodeada por siete montes y era ampliamente conocida como "La Ciudad en Siete Montes" (en la antigüedad, llamada *Septimontium*). Finalmente, nos es dicho, *"Y la mujer que viste es la gran ciudad, que reina sobre los reyes de la tierra"* (Ap. 17:18). En la historia, los emperadores en Roma gobernaban sobre muchos reyes, y antes del tiempo de Constantino empleaban la religión para controlar a las masas.

Algunos han entendido que esta ramera era la ciudad de Jerusalén en vez de Roma, notando que ella también estaba rodeada por siete montes. Ciertamente podemos considerar las dos porque estamos viendo en el reino de lo espiritual, y en ese reino los demonios han trabajado por medio de la religión en muchas regiones del mundo.

Nos es mostrado como la ramera estaba estrechamente asociada con una bestia. Si vemos esta bestia como el Emperador Nerón, podemos identificar una correspondencia con la descripción que nos fue dada en el capítulo 17:

"Las siete cabezas ... son siete reyes; cinco han caído, uno

es y el otro aún no ha venido; y cuando venga, es necesario que permanezca un poco de tiempo."

(Ap. 17:9-10)

Ya hemos explicado que los reyes son los siete césares del imperio: Julio César, Augusto, Tiberio, Calígula, Claudio, Nerón y Galba. De la frase *"cinco han caído,"* podemos saber que los primeros cinco de estos césares habían muerto. Por lo tanto, cuando Juan escribió *"uno es,"* sabemos que él está hablando de Nerón, quien era el sexto césar y quien estaba en poder en el tiempo de los escritos de Juan. Finalmente, Juan dice sobre uno que aún no ha venido y que es necesario que dure breve tiempo. Esto le cabe al último césar, Galba, quien reinó por tan solo siete meses.

Por el resto de Apocalipsis 17 y 18 leemos sobre la disminución de la influencia y la destrucción de Babilonia, la ramera, y la bestia. El juicio de Dios vino sobre ellos, y ellos cayeron.

Como el espíritu de orgullo lo hizo, así también la Ramera perdió su posición de dominio en la tierra. Ella permaneció activa y continúa influenciando gente aún hoy. Lo que pasó cuando cayó es que ella perdió su posición de autoridad sobre las naciones de la tierra. Antes de ese tiempo, cada nación tenía su propio dios o dioses a quien la gente adoraba. La gente estaba perdida en la oscuridad (Efe. 2:12). Cuando Dios juzgó a la ramera, ella cayó a la tierra como relámpago, y por lo tanto, nunca podrá otra vez engañar a las naciones en una escala tan mundialmente amplia.

Apocalipsis 14:17-20: El Imperio Romano Destruido

El capítulo 14 de Apocalipsis termina con un ángel saliendo del templo en el cielo, arrojando una hoz para cosechar la tierra. La cosecha era para remover la maldad.

Nos es dicho:

> "El ángel blandió su hoz sobre la tierra, y vendimió los racimos de la vid de la tierra y los echó en el gran lagar del furor de Dios. Y el lagar fue pisado fuera de la ciudad, y del lagar salió sangre que subió hasta los frenos de los caballos por una distancia como de trescientos veinte kilómetros."
>
> (Ap. 14:19-20)

Sangre hasta los frenos de los caballos es lenguaje figurativo. Sabemos esto porque algunos maestros más tediosos en sus estudios que nosotros han tomado el tiempo para calcular que toda la sangre de todos los seis billones de personas en el mundo hoy llenarían solo una fracción de la cantidad mencionada aquí. Por lo tanto, es más razonable entender este pasaje en que significa que Dios continuaría sus juicios y ninguno escaparía.

En el contexto de Roma siendo juzgada, podemos ver el cumplimiento de este pasaje mientras el imperio está siendo destruido. Invasores del Norte repetidamente saquearon y asesinaron a la gente de varias regiones rodeando a Roma. Entonces en el 378 d.C., los Godos tuvieron una victoria decisiva sobre las legiones romanas. En el 410 d.C., los Visigodos descendieron sobre Roma y saquearon la ciudad. Las cosas continuaron a declinar desde ese punto en adelante hasta el 476 d.C., cuando la porción Occidental del Imperio Romano se colapsó. La porción Oriental sobrevivió como el Imperio Bizantino hasta 1453, cuando los turcos capturaron y tomaron control de Constantinopla.

Exactamente como Daniel nos dijo, el Imperio Romano estaba desmenuzado, y el eterno reino de Dios continuó en crecimiento (Dn. 2:40-44).

El Imperio Romano Destruido:

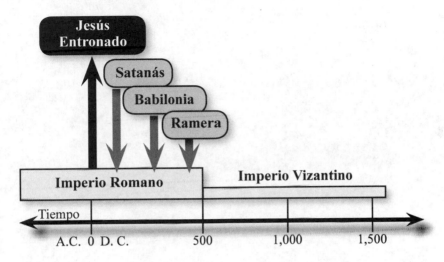

Apocalipsis 15-18:
Juicios Mundiales de Dios

En el siguiente juego de capítulos en el libro de Apo-calipsis (capítulos 15-18), vemos a Dios continuando con el derramamiento de sus juicios. Principalmente leemos sobre Babilonia y la Ramera siendo juzgadas hasta que son completamente vencidas. Muchos maestros preteristas parciales ven estos juicios continuos como la destrucción final del Imperio Romano. De verdad, estos capítulos fácilmente pueden verse como la terminación del gran juicio.

Sin embargo, en las siguientes páginas les presentaremos otro juicio abarcando a todo el mundo. Dios le dijo a su Hijo que deberá sentarse en el trono hasta que todo enemigo sea puesto a sus pies. Aún después de que Roma fuera destruida había todavía muchos enemigos para ser sujetados. Esto incluía Babilonia y la Ramera; ellas fueron destronadas de sus posiciones en el Imperio Romano, pero continuaron operando en la tierra.

Apocalipsis 15-16: Siete Copas de Ira

El capítulo 15 de Apocalipsis nos muestra siete ángeles recibiendo siete copas llenas de la ira de Dios (versículos 1, 5-7).

El capítulo 16 comienza con la puesta en marcha de los siete ángeles:

> *"Y oí una gran voz que desde el templo decía a los siete ángeles: 'Id y derramad en la tierra las siete copas del furor de Dios'."* (Ap. 16:1)

Nos es dicho que cuando estas copas de la ira son terminadas de ser derramadas, entonces Dios habrá terminado sus juicios (Ap. 15:1). Entonces vemos estas siete copas de juicio como extendiéndose desde el tiempo de la caída del Imperio Romano hasta el presente y mas allá. El derramamiento de estas siete copas nos trae al capítulo 19 de Apocalipsis donde Jesús es revelado como Rey.

Cuando se nos es dicho que el Padre instruye a los siete ángeles en derramar las siete copas de su ira, no debemos limitar nuestro entendimiento a siete copas literalmente. Los judíos pensaban en el número siete como el número de terminación. Ellos hubieran entendido esto como el significado de que Dios está ejecutando juicios de parte de su Hijo y continuará haciéndolo hasta que haya sojuzgado cada enemigo – hasta que el trabajo este completado

Los Juicios De Dios Siendo Derramados:

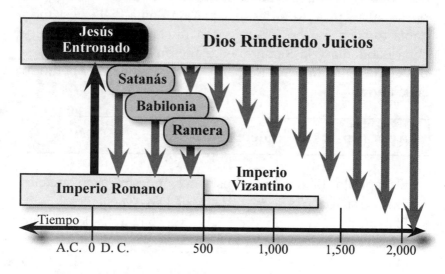

Mientras las primeras seis copas son derramadas, la destrucción es soltada. En la visión, Juan ve a la gente sufriendo terriblemente, pero debemos ver primero la destrucción sucediendo en el reino espiritual. Los ángeles son seres espirituales. Las copas son entidades espirituales. El derramamiento de estas copas es el acto de Dios extendiendo el gobierno del reino. Ciertamente la gente puede sufrir por los juicios de Dios, pero primero y ante todo, Dios está deshaciendo las obras de maldad en el reino espiritual que influyen el mundo natural.

Nadie sabe por cierto como las batallas en el reino espiritual se manifiestan en lo natural, pero haremos notar algunos eventos históricos significativos desde la caída del Imperio Romano que puedan corresponder a la expansión del reino de Dios. En particular, nos enfocaremos en eventos que puedan corresponder con el continuo juicio de Babilonia y la ramera.

Babilonia, El Espíritu De Orgullo

Como mencionamos antes, Satanás era dios de este mundo antes de que Jesús viniera.

Como el gran dragón escarlata, Satanás se había puesto en una posición donde podía influir el bloque más grande de la humanidad en el mundo – el Imperio Romano.

En una manera similar, los demonios tratan de ganar influencia en este mundo viniendo junto a la gente y engañándolos. Si ellos engañan a un líder, entonces pueden influenciar a la gente bajo la autoridad de ese líder. Por consiguiente, es de su interés tratar de engañar a los líderes más influyentes que puedan.

Claro, Dios no va a permitirles libertad total. Desde el día que Jesús se sentó en su trono, Dios el Padre ha estado ejerciendo su autoridad y causando que los demonios pierdan sus posiciones de influencia. Cada año sus habilidades para engañar a grupos grandes de gente esta disminuyendo. El reino de Dios está avanzando y los demonios están perdiendo sus posiciones de influencia en el reino espiritual.

Podemos ver esto mientras consideramos la actividad de Babilonia (el espíritu de orgullo) a través de las edades.

En tiempos antiguos muchos líderes fueron tan engañados por el orgullo que se creyeron como dioses o los descendientes de dioses. Por ejemplo, los Faraones de Egipto declararon que ellos habían descendido del dios sol, Re. En otras regiones del mundo, reyes y otros gobernantes fueron totalmente soberanos en el sentido de dictadores contestándole a nadie más que a ellos mismos. Muchos líderes demandaron ser adorados por su gente.

Una vez que el Emperador Constantino se postró a Jesús en el 312 d.C., el espíritu de Babilonia cayó a una posición de menos autoridad. Nunca más podría gobernar sobre tan grande región del mundo. Sin embargo, continuó buscando líderes a los cuales podría engañar. Nadie sabe de seguro cuándo o dónde el espíritu de Babilonia ha estado activo, pero tenemos razón de sospechar su actividad cuando los líderes se han exaltado sobre otros y se han declarado como divinos.

Por este motivo podemos sospechar de la Iglesia católica romana la cual se levantó del mismo lugar que el Imperio Romano y rápidamente impuso su autoridad sobre el resto del cristianismo. Ciertos papas comenzaron a declarar que ellos solo eran el "vicario de Cristo" en toda la tierra. Esto no quiere decir que la Iglesia católica romana de la Edad Media era demoniaca, pues cumplió muy bien, manteniendo a la sociedad unida, haciendo tremendos actos de caridad, y aún siendo la voz más fuerte del cristianismo. Sin embargo, los cristianos de hoy que estudian la historia del periodo podrán preguntarse si ese mismo espíritu de orgullo que había engañado a tantos reyes, faraones, y otros gobernantes en el pasado vino junto a algunos de los líderes de la iglesia romana. Estas sospechas crecen aún más fuerte cuando estudiamos las Cruzadas de los siglos XI al XIII y la inquisición del siglo XVI en las cuales cientos de miles de disidentes cristianos fueron asesinados por sus creencias.

Decimos esto, pero no con el propósito de condenar a los católicos romanos modernos. Si los cristianos protestantes hubieran estado en el poder durante la Edad Media, ellos tal vez pudieron haber sido sujetos al mismo espíritu de orgullo que estaba activo en ese tiempo en la historia. De verdad, muchos líderes protestantes a través de los últimos quinientos años han afirmado revelación solitaria de Dios y han sido engañados en creer que ellos solos eran el vaso escogido de Dios por un tiempo específico.

El espíritu de orgullo ha estado activo no tan solo en la iglesia, pero también en el mundo secular. Durante el tiempo de la Reforma Protestante, el Renacimiento del siglo XVI surgió. Líderes seculares fueron motivados para el propósito específico de regresar a la vida del espíritu de logro humano que era predominante durante los Imperios griego y romano. Sería incorrecto condenar el Renacimiento como totalmente malvado, pero un espíritu de orgullo pudo haber estado trabajando por él, pues dio nacimiento al humanismo y eventualmente al racionalismo del siglo XVIII. Varios elementos del orgullo emergieron del racionalismo, no siendo el más pequeño más crítico, en el cual eruditos se exaltaron a sí mismos sobre la autoridad de la Biblia y se sentaron como jueces sobre las Escrituras Sagradas.

Puede también haber sido espíritus de orgullo que llevaron varias naciones europeas XV hasta el siglo XVII a dominar las regiones más grandes del mundo y por lo tanto construir sus propios imperios. Naciones como Inglaterra, Francia, los Países Bajos, Portugal, y España establecieron colonias en cualquier región aún no dominada por otro imperio. La gente de esas colonias era típicamente oprimida mientras su riqueza y recursos fueron despojados. La gente común solía ser vista como sirvientes del imperio, sin representación en el gobierno, controlándolos.

Desde ese tiempo, especialmente durante los últimos doscientos años, la mayoría de las colonias han ganado su independencia, enseguida, son gobernados en una base más local. También, el número de países que abrazan la democracia continuamente incrementa, con más de sesenta porciento de todas las naciones ahora adoptan algún tipo de democracia. Junto con esto viene la libertad de expresión y literaria para las masas. Claro, aún hay regiones del mundo donde la gente sufre mucho, pero el tamaño y grado de la influencia de opresores está disminuyendo año con año.

Mucha de la opresión que permanece es el resultado de la corrupción dentro del gobierno de las naciones en desarrollo. Es en esos países donde hay un enorme hueco entre los ricos y los pobres; los pobres teniendo poca o ninguna esperanza de salir de sus condiciones. Sin embargo, aun eso está cambiando mientras todo el mundo se está involucrando más en esfuerzos humanitarios, y la presión es aplicada a los líderes corruptos del gobierno.

La esclavitud también ha tenido un claro declive mientras que la historia ha progresado. En tiempos antiguos la gente conquistada fue comúnmente forzada a la esclavitud por sus conquistadores. En Italia durante el primer siglo, tanto como cuarenta porciento de la gente eran esclavos. Antes del siglo XVI, líderes de la mayoría de las naciones europeas ni siquiera pensaban que sus sociedades podrían sobrevivir sin esclavos. No fue hasta la historia reciente que se han tomado acciones para abolir la esclavitud a niveles por toda la nación.

Aún hoy, la esclavitud es practicada, pero en círculos más pequeños y menos influyentes. Por consiguiente, podemos ver cómo cualquier demonio que cause que un grupo de gente se exalte sobre otros, ha estado perdiendo sus posiciones de autoridad. Mientras la verdad avanza, demonios caen.

Tal vez haya sido un demonio de orgullo el que engañó a Hitler a liderar su nación al creer que la raza blanca era superior a todas las demás. Ese demonio hizo un intento de tomar dominio en la tierra, pero es improbable que otra vez pueda capturar tan grande región del mundo.

Aunque espíritus malvados de orgullo continúan en levantar sus feas cabezas, nunca les será permitido recapturar la autoridad que una vez tenían en la tierra. Líderes de naciones más pequeñas podrían ser seducidos, y dictadores podrían oprimir a su gente. Espíritus de orgullo que infunden prejuicio podrían trabajar en círculos más pequeños. Pero año con año el reino de Dios crece para que los demonios tengan menos autoridad para engañar a naciones enteras.

La Ramera, el Espíritu de Religión

El espíritu de religión ha estado trabajando juntamente con el espíritu de orgullo. Con "espíritu de religión," nos estamos refiriendo a los demonios que intentan controlar a la humanidad por medio de la religión. Este control fue especialmente evidente en tiempos antiguos, cuando casi cada grupo de gente en el mundo tenía su propio juego de dioses a quienes adoraban. Los gobiernos muy seguido empleaban sacerdotes, profetas, curanderos, y otros guías espirituales para incrementar su propia autoridad. Con un casamiento entre el gobierno y la Ramera de religión, la gente estaba detenida bajo el control de sus líderes.

Cuando Constantino se postró ante Jesús, el demonio de religión comenzó a perder su posición de control. Sin embargo, podemos estudiar la historia y ver que los demonios continuaron trabajando por medio de la religión, pero no en tal manera de control gubernamental y escala mundial.

Nadie puede dar por seguro como los cambios en el reino espiritual influyen en lo natural, pero es posible que el espíritu de religión que una vez dominó al Imperio romano se hiciera activo en varias dimensiones de la Iglesia católica romana. Podemos ver esto primero en cómo la iglesia en Roma comenzó a levantarse inmediatamente después de la caída de Roma y afirmar que tenía autoridad sobre el resto del cristianismo. Los historiadores atestiguan el hecho que a través de la Edad Media, la Iglesia romana ejerció tremendo control sobre la gente, utilizando seguido el temor, la culpa, la manipulación y el dominio. La gente vivió como si fueran indefensos bajo la influencia avasalladora de poderes espirituales – ya sea que esos poderes fueran verdaderos o imaginarios - La enfermad fue pensada ya sea como un acto de Dios o como el resultado de la actividad demoniaca. La superstición fue prevalente. La esperanza para los justos descansaba en los placeres esperando la vida venidera. La posibilidad de ser arrojado en el Infierno era verdadera, y escritos tales como *"Inferno"* de Dante mantuvieron el infierno en la vanguardia de la mente de la gente. La iglesia, la cual era pensada como la autoridad espiritual de Dios, dominaba a la gente, y eran sujetos a su dogma.

Si un espíritu de religión estaba activo en la Iglesia católica romana medieval, entonces un golpe fue enviado a ese espíritu durante la Reforma Protestante. Cuando la gente fue convencida que el favor de Dios es dado por gracia y no por obras de la ley, el espíritu de religión perdió una posición principal en las vidas de millones. Entonces también cuando los cristianos fueron enseñados que todos son sacerdotes ante Dios, la iglesia establecida perdió aún más control. Finalmente, cuando la Biblia fue levantada como la autoridad máxima en vez del Papa, la Iglesia católica romana medieval fue incapacitada al punto donde nunca más podría dominar a tantas naciones del mundo.

Si esto sucedió en el reino de lo espiritual, entonces podemos ver la correspondencia entre esto y como la gente recibió revelación de Dios. Mientras la gente oía buenas noticias, los demonios continuaron cayendo como relámpago, perdiendo sus posiciones a través de las cuales podían controlar a la humanidad por todo Europa y más allá.

Aunque el espíritu de religión fue golpeado un escalón más bajo durante la Reforma Protestante, la mayoría de los países en Europa entonces establecieron religiones estatales: Anglicanismo en Inglaterra, Luteranismo en Alemania, Reforma Cristiana en Países Bajos, Catolicismo Romano en Bélgica, etc. Con un casamiento continuo entre el gobierno y religión, la gente en los países asociados continuó viviendo bajo la influencia dominante de la religión. Es más, en muchos países de Europa era ilegal apoyar cualquier otra rama de cristianismo que no fuera la iglesia establecida por el gobierno bajo el cual vivía uno. Por consiguiente, la gente en los varios países eran sujetos a controles fuertes, pero esos controles eran a nivel de países en vez de Europa entera como era verdad durante la Edad Media.

A través de los últimos trescientos años, las religiones de estado han disminuido su influencia. La Biblia también se ha puesto disponible en los idiomas de la gente común, y por consiguiente, la gente se ha parado mucho más independiente ante Dios.

Desde entonces hemos visto numerosas denominaciones cristianas levantarse y no como en los años anteriores cuando los ciudadanos de países eran automáticamente miembros de un cierto grupo, los miembros de las denominaciones han sido típicamente participantes voluntarios. Esas denominaciones han hecho mucho bien en el mundo, siendo el instrumento primario de Dios para extender el evangelio alrededor del mundo. Pero también es cierto que a como ciertas denominaciones crecieron y se desarrollaron, comenzaron a controlar a sus miembros en vez de ayudarlos a relacionarse con Dios. En algunas situaciones, las denominaciones se hicieron tan rígidas que han impedido a la gente seguir y conocer a Dios. Es en ese punto que podemos preguntarnos si influencias demoniacas han encontrado un nivel en el cual pueden controlar a la gente.

Las denominaciones continúan envolviendo a la mayoría de los cristianos hoy, pero su nivel de control del individuo ha disminuido grandemente.

Esto es en parte por el hecho que antes del medio siglo veinte, la mayoría de los cristianos se quedaban por sus vidas enteras en la denominación de sus padres. Se sentían obligados a quedarse y raramente consideraban irse. Eso ya no es verdad. Los cristianos regularmente visitan otras denominaciones y seguido cambian de una a otra. Además, los libros cristianos, la televisión, radio y otras formas de comunicación llevan información a través de las líneas denominacionales. Por lo tanto, es difícil para una sola denominación ejercer control fuerte sobre sus miembros.

Al notar este nivel de control disminuyendo que ha tenido la religión a través de los años, no estamos sugiriendo que las denominaciones, religiones de estado, o la iglesia católica romana son o fueron malvados. Dios ha utilizado a todas estas para cumplir su voluntad en la tierra. Lo que sí estamos notando es que ciertos aspectos de estas organizaciones tal vez se hayan convertido en puntos de acceso a través de los cuales espíritus de religión han intentado controlar grandes grupos de gente. Muchas de las interrupciones que han ocurrido dentro de estas estructuras organizacionales han tenido resultados trágicos en un sentido, pero en otro sentido tal vez hayan estado en el plan de Dios de interrumpir espíritus malvados de religión, y por consiguiente, disminuir la habilidad de los demonios de controlar a la gente a través de la religión.

Los cristianos que no entienden que esto es lo que ha estado sucediendo en el reino de lo espiritual tal vez mal entiendan y piensen que la iglesia establecida está perdiendo influencia en la tierra. En realidad, está perdiendo su habilidad de controlar, pero está creciendo en su habilidad de influir. Este hecho es sostenido por estadísticas. Nuevamente, apuntamos a que más de doscientas mil personas alrededor del mundo se están convirtiendo en cristianos todos los días.

Este entendimiento se hace más claro mientras vemos el plan total de Dios de hacer todos los reinos de este mundo sus reinos. Cualquier cosa que se levante para controlar a la gente e impedirles a la obediencia y relación con él será un hecho que se doblegue. Esto está sucediendo dentro de todas las esferas de la civilización, incluyendo el cristianismo.

El punto central es que una tremenda transición mundial ha ocurrido desde que Jesús se sentó en su trono hace dos mil años. En ese tiempo, Satanás tenía autoridad de engañar a naciones enteras. Toda la humanidad excepto los judíos fueron esclavizados y adoraban demonios. Hoy billones de gente tienen la libertad de adorar al verdadero Dios.

Apocalipsis 16: Armagedón

En Apocalipsis 15 al 18 vemos a Dios derramando sus juicios. Con cada copa de ira derramada sobre el mundo, Dios extiende el gobierno de su reino. Sus enemigos se doblegan; pierden sus posiciones de autoridad para controlar a la humanidad. Todo lo que pueda ser sacudido está siendo sacudido.

Después de que la sexta copa fue derramada, pero antes de que la última copa fuera derramada, Juan vio una visión de una batalla final:

> *"Y vi salir de la boca del dragón, de la boca de la bestia y de la boca del falso profeta, a tres espíritus inmundos semejantes a ranas; pues son espíritus de demonios que hacen señales, los cuales van a los reyes de todo el mundo, a reunirlos para la batalla del gran día del Dios Todopoderoso. ...Y los reunieron en el lugar que en hebreo se llama 'Armagedón'."*

(Ap. 16:13-16)

Esta batalla se ha hecho conocida como la batalla de Armagedón porque nos es dicho que los enemigos de nuestro Señor se reunieron en un lugar llamado Armagedón (*Har-Megiddo*, en su forma Hebrea). Hay varios hechos sobre esta batalla que conocemos del pasaje citado arriba:

1) Sabemos que espíritus demoniacos serán soltados para agitar a la humanidad para pelear contra Dios (Ap. 16:14).

2) Sabemos que todos los reyes de la tierra vendrán en contra de Dios (Ap. 16:14).

207

3) Sabemos que el tiempo del fin está cercano, justo antes que el último ángel derrame su última copa de juicio y justo antes de que Dios haya terminado sujetando a todos sus enemigos.

Considere el contexto – Dios ha estado haciendo a todos sus enemigos doblegarse. Piensa en los reyes mencionados en este pasaje no como gobernantes sobre naciones, pero como gobernantes espirituales sobre todo grupo de gente – grande o pequeña - En esta batalla los gobernantes no están siendo destruidos, pero sí están siendo hechos a doblegarse para que ya no estén parados entre Dios y el resto de la humanidad. El mundo continuará teniendo líderes naturales gubernamentales, pero no les será permitido interferir con la relación del individuo con Dios.

Eso resultará en cada persona en la tierra parada ante Dios y siendo responsable ante él. Ya no podrá decir la gente: "Yo no soy responsable porque aquellos en autoridad sobre mí no me permitían oír el evangelio, o ir a la iglesia, o actuar justamente."

¿Qué pues es la batalla de Armagedón? Es cuando cada ser humano deberá estar frente a Dios.

Para ver esto más claramente, considere como el termino "Armagedón" pudo haberse entendido por los primeros judíos cristianos quienes primero leyeron los escritos de Juan. Este término no es utilizado en cualquier otro lugar en la Biblia; sin embargo, es tomado de dos palabras Hebreas: *Har,* significando montaña, y *Megiddo,* refiriéndose a una ciudad más o menos setenta millas al norte de Jerusalén. En la historia judía, Megiddo era un lugar donde hubo muchas batallas. Megiddo es mencionado once veces en el Antiguo Testamento. Podemos entender esta referencia generalmente de ser un gran campo de batalla.*

En tiempos modernos podríamos similarmente referir a los campos de batalla y aplicarlos a nuestra vida, tal y como cuando una persona dice que han "conocido su derrota," o "es el día D...", o "recuerden el Álamo." Para aquellos familiares con tal terminología, estas frases traen a recuerdo grandes batallas, pero son con la intención de ser aplicadas a las batallas personales presentes.

Todos tenemos un Armagedón. Es la batalla a la cual todos nos enfrentamos. Es la guerra que cada ser humano debe hacer en su vida personal. Es la guerra de la luz versus (contra) la oscuridad, justicia versus la no justicia, lo correcto versus lo incorrecto, el reino de Dios versus las obras del enemigo.

Lectores familiarizados con las enseñanzas futuristas sabrán que su entendimiento de Armagedón es muy diferente. Futuristas describen imágenes de millones de soldados de Rusia y China viniendo contra Israel cerca del final de una tribulación de siete años. Ellos desarrollan esta imagen tomando otros pasajes de la Biblia que hablan de varias batallas – en particular, aquellas descritas en Ezequiel 38 y 39 – y luego las asocian con esta batalla de Armagedón. Al hacer esto, ellos pueden desarrollar sus enseñanzas y construir en las mentes de oyentes imágenes de gran destrucción viniendo sobre el mundo justo antes del fin.

Discutiendo las batallas de Ezequiel 38 y 39 deberá ser más allá del ámbito de este libro; sin embargo, estamos obligados a mencionarlos porque los futuristas traen estas batallas a su escenario de los eventos del los últimos tiempos. En realidad, Ezequiel 38 y 39 no son descripciones de guerra moderna pero sobre *"caballos y jinetes, todos ellos bien equipados; una gran compañía con pavés y escudo, todos ellos empuñando espada"* (Ez. 38:4). Los futuristas tienen que decir que estos medios primitivos de guerra son para ser comprendidos como símbolos, pero el contexto no nos da ninguna indicación de eso. Cuando la guerra está concluida, Ezequiel describió las armas sobrantes: *"escudos, paveses, arcos y saetas, mazas y lanzas,"* (Ez.

---

* Kelley Varner, *Whose Right It Is* (Shippensburg, PA: Destiny Image Publishers, 1995), pp. 178-179.

39:9). Para imaginar que esto es la descripción de una guerra que tomará lugar en nuestro tiempo de vida o más allá en el futuro, requiere de un ensanchamiento de la imaginación.

A pesar de esto, muchos maestros afirman que las batallas descritas en Ezequiel 38 y 39 sucederán en el futuro antes del fin del mundo. Otros maestros creen que las batallas de Ezequiel 38 y 39 sucedieron antes del nacimiento de Jesús y seguramente tomó lugar en el 175 - 164 a.C. con Seléucidas y Antioquía IV Epiphanes.*

Cualquiera sea el caso, no hay base bíblica para equiparar las batallas de Ezequiel 38 y 39 con la batalla de Armagedón. Los enemigos en guerra ni siquiera son los mismos en los pasajes diferentes. Ezequiel 38 y 39 nos dicen como Gog y Magog (los cuales futuristas típicamente dicen significan Rusia y China), junto con otros ejércitos del norte, vienen contra Israel. El pasaje en Apocalipsis dice que *"los reyes de todo el mundo"* vienen en contra de Dios (Ap. 16:14). Gog más Magog no es todo el mundo. Mas allá, ni Gog, ni Magog son mencionados en Apocalipsis 14 al 18. El único lugar donde son mencionados Gog y Magog en el libro de Apocalipsis es en el capítulo 20, versículo 8, lo cual es después del milenio.

Una vez que hemos separado en nuestras mentes la batalla de Armagedón en Apocalipsis 16 de las batallas de Ezequiel 38 y 39, entonces podemos leer Apocalipsis 16 y desarrollar una comprensión de lo que el texto realmente nos dice. Y ¿qué es lo que leemos? Sobre una batalla en la cual toda la humanidad debe ponerse delante de Dios.

Una comparación de ayuda es el concepto Musulmán del "jihad." Muchos Musulmanes fundamentalistas ven a jihad como una guerra en la cual los Musulmanes son llamados a realmente matar a los infieles, eso es, aquellos que no siguen las enseñanzas de Muhammad. En contraste, hay muchos otros

---

* Una de los muchos lugares donde esto puede ser investigado es en *Adam Clark's Commentary* el cual puede ser accesada en: http://www.godrules.net/library/clark/clarkeeze38.htm.

musulmanes quienes entienden a jihad como un llamado para cada musulmán a combatir la tentación y maldad en sus vidas personales.

Así como jihad tiene dos significados distintos, así lo tiene la batalla de Armagedón cristiana. Los futuristas lo ven como una batalla venidera en la cual Gog y Magog vienen contra Israel (aunque ni Gog, Magog, ni Israel nunca se mencionan en el pasaje), mientras los preteristas parciales lo ven como una batalla que cada creyente debe enfrentar en su propia vida personal.

> *"Porque nuestra lucha no es contra sangre y carne, sino contra principados, contra potestades, contra los poderes de este mundo de tinieblas, contra las huestes espirituales de maldad en las regiones celestiales."*
>
> (Ef. 6:12)

La guerra está en nuestras mentes, nuestros corazones, nuestras finanzas, nuestros vecindarios, nuestras escuelas, y en nuestros gobiernos, etc. Nosotros estamos en Armagedón, la única guerra que jamás abarcará cada humano en la tierra.

Observe que esta comprensión se contextualiza en Apocalipsis 16. Hemos estado aprendiendo sobre los juicios de Dios siendo derramados sobre el mundo espiritual y cada enemigo siendo sujetado. Se sujetan en el sentido de perder sus posiciones de engañar y controlar a naciones y grupos de gente. Es antes de que la última copa sea derramada que Armagedón toma lugar. Cuando todos los demonios en posición de autoridad han sido sujetados, entonces la humanidad no tiene excusa. Cada persona deberá escoger para o en contra del reino de Dios. Cada persona de todo el mundo le será dada la oportunidad de confesar a Jesucristo como Señor. La batalla de Armagedón es cada persona viva frente a Dios. Como profetizó Joel, habrá un gran derramamiento del Espíritu de Dios y luego *"multitudes,*

multitudes en el valle de la decisión" (Joel 3:14)!

Apocalipsis 17-18: Futura Expansión del Reino

Apocalipsis 17 y 18 hablan de una sumision final de los enemigos de Dios. Su victoria es inevitable, pero como su victoria se manifiesta en el futuro no es claramente revelada a nosotros. Permítanos tomar libertad en los próximos párrafos. Tal vez nos acuse de desviarnos de explicar las Escrituras, y tal vez esté correcto, pero proseguiremos a decir tan solo unas pocas palabras concernientes a lo que creemos que se desarrollará entre ahora y el día que Jesús regrese. Cada espíritu de demonio que se exalte a sí mismo a una posición entre Dios y la humanidad se deberá postrar.

En nuestro propio tiempo de vida nosotros vimos al espíritu detrás del comunismo caer como un relámpago. Cuando muchos de nosotros éramos niños, una mitad del mundo estaba bajo su control. Desde que ese demonio ha caído, muros han sido tumbados, y ahora podemos predicar el evangelio a través de la región del mundo previamente cerrada.

Sí, en efecto, Dios está expandiendo su reino sobre el mundo entero, entonces pronto deberemos esperar que el espíritu malvado que en el presente tiene sujeta a una quinta parte del mundo bajo el manto del Islam sea destronado. Esto no significa que cada musulmán se convertirá en cristiano, pero serán liberados para oír y entender el evangelio, y tomar decisiones para o en contra de Jesús.

Algunas de esas autoridades demoniacas podrán intentar controlar a la humanidad obrando a través de otras instituciones y organizaciones de influencia – tal vez a través de corporaciones multinacionales, medios de comunicación, organizaciones terroristas, o la industria del entretenimiento - Sin embargo, no les será permitido detener a la gente en esclavitud por mucho tiempo porque Jesucristo es Señor y toda rodilla se doblará.

Esto incluye a todos los demonios en el mundo religioso. Por ejemplo, si hay un demonio asociado con el mormonismo, entonces ese demonio perderá su poder para engañar, y los mormones verán la verdad más claramente. Si hay un demonio trabajando en la Iglesia católica romana que cause que algunos católicos adoren a María en vez de honrarla, entonces ese demonio se postrará, y el catolicismo se alineará más con los deseos del Rey. Los demonios trabajando entre todo el cristianismo disminuirán en influencia, y por lo tanto, la decepción, la división, y disensión disminuirán. En consecuencia veremos a la iglesia levantarse en unidad y madurez.

Cuando todos los juicios de Dios son terminados y los espíritus de orgullo y religión son totalmente vencidos, ¿qué pasará? Juan contesta esta pregunta mientras nos dice de una voz que oyó en el cielo:

"Regocíjate sobre ella, cielo, y también vosotros, santos, apóstoles y profetas, porque Dios ha pronunciado juicio por vosotros contra ella."

(Ap. 18:20)

Cuando Dios ha terminado rindiendo sus juicios en contra de ella (Babilonia y la Ramera), entonces sus apóstoles y profetas serán liberados en la tierra. Ellos caminarán en la total autoridad de Dios y verdaderamente establecerán su gobierno de reino aquí en la tierra. Cuando los espíritus de orgullo y de religión son vencidos en los corazones del pueblo de Dios, entonces los santos se levantarán en gloria.

Apocalipsis 19:
El Reino de Dios Es Victorioso

¿En qué punto regresará Jesús? Nadie conoce el día ni la hora, pero sabemos que el Padre le dijo a su Hijo que se sentara en su trono hasta que cada enemigo sea puesto a sus pies. En Hechos 3:21, también nos es dicho sobre Jesús:

"a quien el cielo debe recibir hasta el día de la restauración de todas las cosas, acerca de lo cual Dios habló por boca de sus santos profetas desde tiempos antiguos."

Solamente cuando todas las cosas han sido restauradas y cada rodilla esté doblada, Jesús regresará a la tierra.

Esto no significa que toda la maldad será eliminada antes de que Jesús regrese. En Mateo 13:31-32, Jesús dijo una parábola explicando que el reino de Dios puede ser comparado a la más pequeña semilla de todas, pero crecera a ser la planta mas grande en el jardín. Por demas, sabemos que el Reino de Dios será la entidad más grande en poder, en el tiempo del regreso de nuestro Señor. Sin embargo, también sabemos que aún habrá maldad en el mundo, pues un enemigo ha sembrado sus semillas las cuales también están creciendo a madurez (Mat. 13:36-43). También sabemos que Jesús vendrá en juicio sujetando a todos los enemigos que faltan, separando la cizaña del trigo, las cabras de las ovejas, las malas semillas de las buenas semillas.

No todos serán cristianos en el tiempo del regreso de nuestro Señor, pero cada persona tendrá una oportunidad de oír y responder al evangelio. Habrá un tremendo avivamiento mundial. Es un hecho, habrá naciones postrándose al señorío de Jesucristo.

Esta idea de que las naciones se postrarán a Jesús es central a la verdad de Dios avanzando su reino. Para los cristianos quienes nunca han sido expuestos a esta verdad, puede ser demasiado bueno para ser verdad. La idea que naciones se postrarán a Jesús es – para decir lo menos – optimista.

No siempre teníamos tal punto de vista optimista, victorioso. Como hemos mencionado, antes tomábamos el punto de vista futurista, junto con su creencia que un anticristo tomará control de este mundo, establecerá un sistema económico, creará una religión mundial, y cortará las cabezas de los cristianos que se rehúsen a recibir la marca de la bestia. Por muchos años creímos y enseñamos que el mundo se está poniendo peor y peor, pero que un día cuando Jesús regresará nos salvará de este terrible desorden.

La transición en nuestros pensamientos tomó un largo tiempo. Comenzamos a oír voces frescas hablarnos sobre la iglesia levantándose en gloria antes del regreso de Jesús. Ellos seguido citaban Isaías 60:1-2:

"Levántate, resplandece, porque ha llegado tu luz
y la gloria del Señor ha amanecido sobre ti.
Porque he aquí, tinieblas cubrirán la tierra
y densa oscuridad los pueblos;
pero sobre ti amanecerá el Señor,
y sobre ti aparecerá su gloria."

Esta promesa de la gloria de Dios viniendo sobre su pueblo causa que nuestra esperanza se eleve. Comenzamos a visionar una Iglesia futura gloriosa en medio del mundo oscuro. Más tarde nuestra esperanza llegó aún más alto mientras nos dimos a estudiar las Escrituras en maneras que previamente no habíamos considerado – maneras que son presentadas en este libro - Aun el pasaje de Isaías que acabamos de citar vino a nueva luz mientras leímos el siguiente versículo:

"Y acudirán las naciones a tu luz,
y los reyes al resplandor de tu amanecer."

(Is. 60:3)

Viendo este versículo, venimos a creer que la iglesia no tan solo se levantará dentro de un mundo oscuro, pero que el mundo oscuro responderá a la Iglesia gloriosa. *"Y andarán las naciones a tu luz."* Esto significa que el mundo no se pondrá más y más oscuro hasta el fin, pero el mundo se alumbrara más segun como la humanidad venga a Dios.

Promesas a este fin están esparcidas a través de las Escrituras, pero nunca las vimos hasta que tomamos una perspectiva enteramente nueva.

> *"Pues la tierra se llenará*
> *del conocimiento de la gloria del Señor*
> *como las aguas cubren el mar."*   (Hab. 2:14)

Dios le declaró a Moisés:

> *"pero ciertamente, vivo yo, que toda la tierra será llena*
> *de la gloria del Señor"*   (Nm. 14:21)

Jacob declaró:

> *"El cetro no se apartará de Judá,*
> *ni de entre sus pies el bastón de mando,*
> *hasta que llegue el verdadero rey,*
> *quien merece la obediencia de los pueblos."*
>   (Gn. 49:10 NVI)

Dios le prometió a su Hijo:

> *"Pídeme, y te daré las naciones como herencia tuya, y*
> *como posesión tuya los confines de la tierra."*
>   (Sal. 2:8)

Dios cumplirá sus promesas al Hijo.

Apocalipsis 19: Jesús es Revelado Como Rey

En Apocalipsis 19 vemos a Jesús apareciendo en gloria. ¡Que comience la celebración! Escribió Juan:

"Y oí como la voz de una gran multitud, como el estruendo de muchas aguas y como el sonido de fuertes truenos, que decía: ¡Aleluya! Porque el Señor nuestro Dios Todopoderoso reina."

(Ap. 19:6)

Después de esto la cena de las bodas del Cordero es anunciada:

"Regocijémonos y alegrémonos, y démosle a Él la gloria, porque las bodas del Cordero han llegado y su esposa se ha preparado."

(Ap. 19:7)

Luego viene el Novio en la escena:

"Y vi el cielo abierto, y he aquí, un caballo blanco; el que lo montaba se llama Fiel y Verdadero, ... y su nombre es: El Verbo de Dios. Y los ejércitos que están en los cielos, vestidos de lino fino, blanco y limpio, le seguían sobre caballos blancos."

(Ap. 19:11-14)

Jesús Regresa a la Tierra Como Victorioso y Rey:[*]

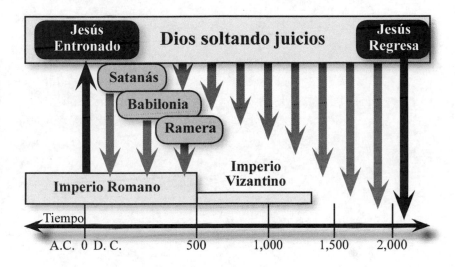

Esto es la procesión de victoria. Es un desfile de gloria. La guerra ha terminado. Jesús es declarado como Rey:

> *"De su boca sale una espada afilada, para herir con ella a las naciones, y él las regirá con vara de hierro; y él pisa el lagar del vino del furor de la ira del Dios Todopoderoso. Y en su manto y en su muslo tiene escrito este nombre: "REY DE REYES Y SEÑOR DE SEÑORES".*
>
> (Ap. 19:15-16)

---

[*] No estamos tratando con el rapto aún, porque tratamos a profundidad este tema en la sección 7.

Apocalipsis 20: El Reino Milenial de Jesús

Nos es dicho en Apocalipsis 20 que los cristianos se resucitarán de la muerte en un evento que se conoce por *"la primera resurrección."* Aquellos cristianos gobiernan y reinan con Jesús por mil años. Esto se llama el reino milenial de Cristo. ¿Cómo entendemos este reino milenial? ¿Y cuándo sucede?

Para poder contestar esto, los dos autores de este libro, Harold Eberle y Martin Trench, deben cada uno responder por sí mismo. Aunque los dos seamos preteristas parciales, entendemos el reino milenial de manera distinta. Esto puede ser curioso para algunos lectores porque hasta este punto les hemos ofrecido un frente unido. Ahora vamos a ofrecer dos puntos de vista. Consideramos esta diferencia una fortaleza en lugar de una debilidad. Dos personas pueden ser preteristas parciales y todavía mantener dos diferentes vistas del milenio. Aún pueden tener puntos de vista diferentes y ser buenos amigos.

Apocalipsis 20: La Perspectiva Posmilenarista

La mayoría de los preteristas parciales, incluyendo a Martin Trench, sostienen el punto de vista posmilenarista. Esta perspectiva interpreta a Apocalipsis 20 como una recapitulación de los 19 capítulos precedentes. Por lo tanto, adherentes dicen que el reino milenial de Jesús comenzó hace dos mil años cuando Jesús ascendió al cielo y se sentó en su trono. Esto significa que estamos viviendo el reino milenial ahora. Los posmileniaristas creen que Jesús regresará a la tierra al final de su reino milenial. Por consiguiente, su punto de vista se llama posmilenarista, refiriéndose a la vuelta de Jesús después (pos) del milenio.

La Perspectiva Posmilenarista:

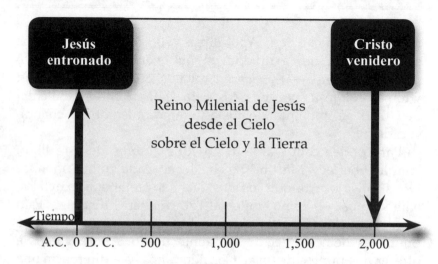

Apocalipsis 20 nos dice que Jesús reina por mil años, pero los posmilenaristas explican que el número mil no significa un mil literal. Para los hebreos, mil puede referirse a un número indefinido o aun para siempre. Por consuigiente, Jesús puede reinar por tanto tiempo como él quiera. En verdad, los hebreos no tomaban los números como mil en un sentido literal como lo hacen los occidentales. Como hicimos referencia hace poco, Dios es dueño de millares de ganado en los collados (Sal. 50:10), pero esto no significa que Dios es dueño de solamente un mil de ganado en los collados; él es dueño de todo el ganado en todas partes. Similarmente, el salmista dice "mejor es un día en tus atrios que mil fuera de ellos" (Sal. 84:10); otra vez vemos el número 1,000 siendo utilizado en un sentido no literal (véase también Ex. 20:6; Dt. 1:11; Sal. 68:17; 90:4). Los posmilenaristas dicen que mil es un lenguaje figurativo y en el contexto de Apocalipsis 20, se está refiriendo a todos los años que transcurren entre la primera venida de Cristo y su segunda venida.

Este argumento de los mil años siendo un periodo de tiempo indefinido ha sido sostenido por muchos de los grandes líderes de la historia de la Iglesia, como lo son Agustín, Eusebio, John Calvin, Knox, y John Wesley.* La perspectiva posmilenarista fue el punto de vista más popular del milenio entre los cristianos evangelistas durante el siglo XIX.

Epiphanes

Seguramente hay un milenio mencionado por San Juan; pero el más, y aquellos hombres piadosos, ven sobre esas palabras como verdaderas seguramente, pero para ser tomadas en un sentido espiritual.

(*Heresies*. 37. Dic.1,07, http://www.preteristarchive. com/StudyArchive/e/epiphanes_revelation_html)

John Calvin

Pero un poco después le siguieron los milenaristas, quienes limitaron el reino de Cristo a mil años. Ahora su ficción es tan infantil para necesitar o ser digno de refuta.

(*Institutes of the Christian Religion,* vol. 2:995. Dec. 1, 07, http//www.preteristarchive.com/StudyArchive/c/ calvin-john_calvinism.html)

---

* Ellos entendieron los mil años como representando un periodo de tiempo indefinido; sin embargo, la mayoría de ellos eran amilenialistas.

Apocalipsis 20: La Perspectiva Premilenial

Aunque la mayoría de los preteristas parciales sostienen a un posmileniarismo, algunos – Harold Eberle incluido – sostienen un punto de vista premilenial. Este punto de vista ve los eventos de Apocalipsis 20 siguiendo los eventos de Apocalipsis 1 al 19. Por lo tanto, Jesús regresará a la tierra antes de su reino milenial.

Es importante entender que hay dos perspectivas premilenaristas diferentes: *premilenarismo dispensacional* y *premilenarismo histórico*.

El primero, premilenarismo dispensacional, es sostenido por los futuristas de hoy. Como hemos explicado, ellos ven los eventos de Apocalipsis 4 al 18 sucediendo durante un periodo de siete años de tribulación antes de la segunda venida de Jesús. Por lo tanto, ellos ven el escenario del fin del tiempo (terremotos, hambruna, guerras, anticristo, destrucción) antes del reino milenial de Jesús.

Punto de Vista Premilenial Dispensacional de Los Futuristas:

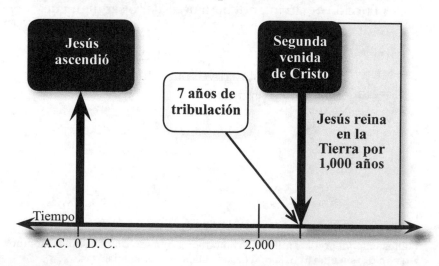

Se refiere al punto de vista futurista del milenio como "dispensacional" porque está cercanamente asociado con y desarrollado de la Teología Dispensacional, la cual divide la historia en diferentes periodos de tiempo. *La Biblia de referencia Scofield* es la más conocida por la popularización de este modo de pensar.

La otra forma de premilenarismo – *premilenarismo histórico* - opina que Jesús regresará antes de su reino milenial, pero es llamado "histórico" porque a través de la historia de la iglesia vemos este punto de vista apareciendo entre varios líderes. Por ejemplo, este punto de vista fue sostenido por muchos de los padres de la iglesia, incluyendo a Ireneo, Justin Martyr, Papias, y Tertuliano.[*]

Algunos oponentes del premilenarismo histórico lo confunden con premilenarismo dispensacional y suponen que varios escenarios catastróficos son implícitos con premilenarismo histórico. Eso es un malentendido. Cuando varios líderes a través de la historia se refieren a un reino futuro milenial de Jesús, no están típicamente implicando nada más que eso. Es simplemente un reino milenial futuro – nada más, nada menos. Ese reino milenial puede ser literal mil años o se puede entender en un sentido figurativo, y por consiguiente, Jesús puede reinar por cuanto tiempo lo desee.

Cuando un preterista parcial abraza el premilenarismo histórico, un punto de vista interesante resulta. Verás, el preterista parcial cree que el Reino de Dios fue establecido en la primera venida de Jesús. El reino está creciendo en la tierra como semillas en la tierra o como levadura en la masa. Es la Roca de Daniel la que está creciendo y continuará creciendo hasta que llene la tierra entera (Dn. 2). El reino está aquí, y es progresivo en el sentido de estar avanzando continuamente

---

[*] Kelly Varner, *Whose Right It Is,* (Shippensburg, PA: Destiny Image Publishers, 1995), p. 137; R. C. Sproul, *The Last Days According to Jesus* (Grand Rapids, MI: Baker Books, 1998), p. 198.

aquí en la tierra.

Esta distinción, entre el premilenarismo dispensacional futurista y el premilenarismo histórico del preterista parcial, es crítica. Los futuristas creen que el reino de Dios no vendrá a la tierra o no estará disponible a los cristianos hasta después de la segunda venida de Jesús. En contraste, el preterista parcial cree que el reino de Dios ha estado operando, creciendo en la tierra, y disponible hace dos mil años.

Aún, el preterista parcial que cree en el premilenarismo histórico hace una distinción entre el reino ahora y el reino durante un reino futuro de mil años. En el presente Dios el Padre está gobernando sobre el reino. Durante el futuro milenio, Su Hijo Jesús estará gobernando sobre el reino.

Preterista Parcial, Punto de Vista Premilenarista Histórico:

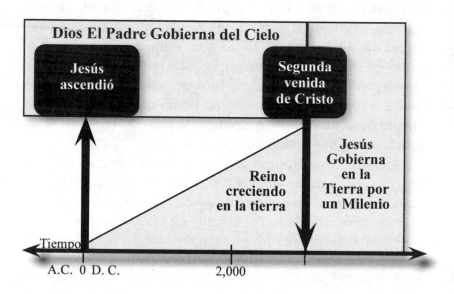

Este entendimiento se hace claro cuando leemos la explicación de Pedro en el día de Pentecostés sobre como Jesús ascendió al cielo y luego el Padre habló a su Hijo:

"Dijo el Señor a mi Señor: Siéntate a mi diestra, hasta que ponga a tus enemigos por estrado de tus pies."
(Hechos 2:34-35)

Jesús ha estado sentado a la diestra del Padre por dos mil años, pero es el Padre quien ha estado activamente sojuzgando enemigos y estableciendo el reino de su Hijo.

Pablo nos dijo la misma verdad:

"Pues Cristo debe reinar hasta que [Dios el Padre] haya puesto a todos sus enemigos debajo de sus pies."
(1 Co. 15:25)

En los versículos que le siguen a este, Pablo confirma que es Dios el Padre quien está haciendo a todas las cosas sujetarse ante Jesús (versículos 27-28).

Esto es importante para los preteristas parciales quienes abrazan el punto de vista premilenial histórico porque ellos creen que el reino de Dios está aquí ahora (siendo gobernado por el Padre) y está creciendo en la tierra. Después que el Padre sujete todo al Hijo, entonces regresará el reino al Hijo quien manifestará completamente el reino en la tierra. Entonces Jesús gobernará sobre el reino con su Novia por un milenio.

Apocalipsis 20: Los Dos Puntos de Vista Victoriosos

Ahora pongamos a un lado el punto de vista premilenial dispensacional futurista y enfoquémonos en los dos puntos de vista del milenio sostenidos por los preteristas parciales. Los dos puntos de vista preteristas parciales (el de Harold y el de Martin) son victoriosos.

Ambos creen que el reino de Dios vino a la tierra hace dos mil años. Los dos creen que los cristianos pueden experimentar el reino de Dios ahora mientras estamos vivos en esta tierra.

Sin embargo, existe una diferencia importante que tiene que ver con quién tiene control del reino actualmente. Los preteristas parciales posmilenaristas (e.j., Martin Trench) ven que estamos ahora en el reino milenial de Jesucristo, y por lo tanto, Jesús ha estado gobernando sobre el reino por dos mil años. En contraste, los preteristas parciales premilenaristas históricos (e.j., Harold Eberle) ven que Dios el Padre está gobernando sobre el reino, y continuará haciéndolo hasta que haga que todo enemigo se sujete a Jesús y luego le de el reino a su Hijo para un reino milenial futuro.

Apoyando su propia posición, a Harold le gusta señalar que somos enseñados a orar, *"Padre Nuestro que estas en los cielos... Venga tu reino. Hágase tu voluntad, así en la tierra como en el cielo... porque tuyo es el reino..."* (Mat. 6:9-13). El reino es del Padre. Es a Él a quien oramos. Es su reino que estamos viendo liberado aquí sobre la tierra.

Harold sostiene más su postura que Dios el Padre está conquistando a todos los enemigos antes de que encomienda el reino a su Hijo. Esta es la razón por la cual en Apocalipsis 4 al 18 es el Padre a quien vemos ejecutando juicios. Es el libro de decretos del Padre el que está siendo abierto. Es el Padre quien manda a los ángeles. Son las copas de ira del Padre las cuales son derramadas. Las únicas cosas que vemos haciendo a Jesús a través de estos capítulos es rompiendo los sellos del libro del Padre (Ap. 14:14-16). A Jesús no le es dado el reino hasta después de las bodas en el capítulo 19. Entonces el reino se entrega a Jesús y a su novia.

Por el otro lado, a Martin Trench le gusta señalar como la perspectiva posmilenarista es aún más victorioso que el punto de vista premilenialista. Esto es verdad por dos razones significativas.

Primero, Apocalipsis 20 comienza diciendo que Satanás fue atado en el principio del reino milenial (versículos 1 y 2).

Si de hecho el reino milenario de Jesús comenzó hace dos mil años, entonces Satanás ha estado atado por dos mil años. Los posmilenaristas dicen que Satanás no fue totalmente atado, sino solamente en el sentido que no pueda más "engañar a las naciones" (Ap. 20:3), y por consiguiente, el evangelio ha estado libremente avanzando por dos mil años. Posmilenaristas apuntan que esto corresponde con la primera venida de nuestro Señor, cuando ató al hombre fuerte para que podamos fácilmente saquear su casa (Mat. 12:28-29). Viendo a Satanás atado hace dos mil años, en vez de en el principio de un reino milenial futuro, sí crea una confianza mayor en la cual los cristianos pueden caminar hoy.

San Athanasius

Pues el Señor tocó todas las partes de la creación, y liberó y desengañó a todos de todo engaño. Como dice San Pablo, "Habiéndose despojado a sí mismo, y despojando a los principados y potestades, triunfó sobre ellos en la cruz" para que ninguno sea más engañado, pero en todos lugares pueda encontrar la misma Palabra de Dios.

(*On the Incarnation*, 1946, p. 4)

La segunda razón por la que la perspectiva posmilenarista es más victoriosa que el punto de vista premilenial histórico es porque Apocalipsis 20 nos dice que la primera resurrección toma lugar en el principio del reino milenial de Jesús para que los creyentes puedan gobernar y reinar con Jesús (Ap. 20:4). Si el reino milenial comenzó hace dos mil años, entonces la primera resurrección tomó lugar hace dos mil años. ¿Cómo puede ser esto? Los posmilenaristas creen que la primera resurrección es el poder que fue soltado cuando Jesús se levantó de entre los muertos. Ese poder se suelta en cada individuo cuando él o ella nace de nuevo como cristiano. En ese momento la vida de Jesús es soltada en su ser, y ellos resucitan a una vida nueva en Cristo. En ese mismo momento ellos toman asiento con Cristo en lugares celestiales. Por consiguiente, los cristianos pueden gobernar y reinar con Cristo ahora, estando vivos en la tierra.

Mucho más se podría decir sobre esta perspectiva, y claro, varios libros enlistados en la bibliografía apoyan este punto de vista posmilenarista. Una de las mejores explicaciones está en el libro de David Chilton, Paraíso Restaurado (Paradise Restored). Ahora dejamos este discurso sobre el reino milenial, haciendo notar que nuestra meta no es defender nuestros puntos de vista diferentes pero simplemente darlos a conocer.

Apocalipsis 20: 7-10: Satanás Soltado

Después del milenio, Juan explica como *"Satanás será soltado de su prisión."* (Ap. 20:7)

Entonces Satanás hará un último golpe maestro para intentar atraer a muchos hacia él mismo para que se rebelen en contra de nuestro Señor. Esto, sin embargo, simplemente resultará en identificar a aquellos que están en contra de Jesús. Ellos serán rápidamente destruidos por fuego que viene del cielo.

Apocalipsis 20:11-15 Juicio del Trono Blanco

Después del Reino milenial, Jesús tomará su asiento en el gran Trono Blanco de juicio. Entonces todos los muertos, los grandes y los pequeños, se pararán ante él. Los libros se abrirán, incluso el libro de la vida. La gente entonces será juzgada según las cosas escritas en los libros.

> *"Y el que no se encontraba inscrito en el libro de la vida fue arrojado al lago de fuego."*　　　(Ap. 20:15)

230

El juicio final no será arbitrario ni injusto, pero todo lo de los libros será pesado y todo hecho claro.

La imagen es aleccionadora.

Apocalipsis 21 y 22:
El Nuevo Cielo y Tierra

Capítulos 21 y 22 son los pasajes más gloriosos y emocionantes en Apocalipsis – tal vez en toda la Biblia. No tendremos que pasar mucho tiempo discutiendo estos, pues su mensaje es directo y exponer demasiado sería como empujar perlas por el barro.

Apocalipsis 21: Cielo Nuevo y Tierra Nueva

"Vi un cielo nuevo y una tierra nueva; porque el primer cielo y la primera tierra pasaron, y el mar ya no existe."

(Ap. 21:1)

En este versículo de apertura no está claro si el mundo presente realmente está borrado y luego un mundo nuevo creado, o si el cielo y la tierra presentes simplemente pasan por una metamorfosis como una oruga se convierte en una mariposa.

Tenemos motivos para creer que el segundo es el caso porque varios versículos en la Biblia indican que la tierra es eterna y nunca será destruida (Ecl. 1:4; Sal. 78:69; 104:5). Pedro escribió sobre la destrucción de este mundo presente, diciendo que sería destruido con fuego (2 Pe. 3:7, 10); sin embargo, en el contexto saca una anología de cómo la tierra una vez fue destruida con agua (2 Pe. 3:6). Por consiguiente, podemos ver como este mundo puede ser destruido en el sentido de pasar por una feroz purga, solamente para salir puro y santo. Entonces la creación, que ha estado gimiendo para la revelación de los hijos de Dios, será liberada de toda maldición y decaimiento.

Esta será nuestra morada eterna donde *"no habrá más duelo, ni clamor, ni dolor"* (Ap. 21:4).

Apocalipsis 21: La Nueva Jerusalén

En el centro del escenario está la Nueva Jerusalén siendo bajada del cielo a la nueva tierra: *"tenía la gloria de Dios. Su fulgor era semejante al de una piedra muy preciosa,"* (Ap. 21:11).

Vemos esta ciudad tanto literalmente como simbólicamente.

Debe ser tomado literalmente por puntos descriptivos tales como el hecho de que se mide con una varilla *"según medida humana, que es también de ángel"* (Ap. 21:17). Esto indica una correspondencia entre lo espiritual y lo natural.

Sin embargo, debemos también ver esta ciudad como simbólica, pues nos es dicho que la Nueva Jerusalén es la Novia. Además, podemos leer a lo largo del Nuevo Testamento frases en las cuales la Iglesia se representa como un edificio que es bien coordinado, edificada sobre el fundamento de los apóstoles y profetas (Ef. 2:19-22). Pablo escribió que debemos tener cuidado en como construimos: con oro, plata y piedras preciosas (1 Co. 3:11-13). Juan también escribió que la gente que venciere será columna en el templo de Dios, y no tendrá que salir de el, pero tendrán escritos en ellos:

> *"el nombre de la ciudad de mi Dios, la nueva Jerusalén, que desciende del cielo de mi Dios."*
>
> (Ap. 3:12)

Juan describió que la nueva Jerusalén descenderá del cielo como una novia adornada para su esposo.

Apocalipsis 21-22: La Presencia de Dios

"Entonces Dios habitará entre su pueblo para siempre y ellos verán el rostro de nuestro Señor" (Ap. 22:4). Selah.

Apocalipsis 21-22: Nuestra Morada Eterna

En el capítulo 22, Juan describe un río fluyendo del trono de Dios y del Cordero. Ese río llevará la vida de Dios hacia las naciones. También habrá un árbol de vida dando doce tipos de fruta, y sus hojas serán para la sanidad de las naciones. En otras palabras, Dios proveerá una abundancia, más de lo que necesitamos o queremos.

Vale la pena notar que este nuevo cielo y nueva tierra será nuestra vivienda para siempre. Contrario a lo que muchos cristianos han sido enseñados, no flotaremos en las nubes para siempre. En lugar de eso, estaremos en una tierra verdadera, y tendremos verdaderos cuerpos, pero glorificados Apocalipsis 22:3 nos dice que los siervos de Dios lo estarán sirviendo, implicando que tendremos cosas que hacer. No estaremos cantando alabanzas para siempre, pero tendremos responsabilidades, con algunas personas teniendo mayores posiciones de autoridad que otros (Ap. 2:26-27). Seremos felices, tendremos propósito y estaremos atareados para siempre.

Resumen

Si llegas a creer el punto de vista preterista parcial del libro de Apocalipsis, entonces podrás abrazar muchas ideas que tal vez puedan ser nuevas para ti. En primer lugar, una de las ideas más importantes es que hay una adquisición de poder del reino en proceso. Los reinos de este mundo se están convirtiendo en reinos de nuestro Dios y de su Cristo.

En segundo lugar, entenderás que Satanás ya está derrotado. Pablo explicó lo que le sucedió a Satanás y a sus demonios a través de la muerte de nuestro Señor, su resurrección, y su ascensión:

> *"Y habiendo despojado a los poderes y autoridades, hizo de ellos un espectáculo público, triunfando sobre ellos por medio de El."*

(Col. 2:15)

Hace dos mil años cuando Jesús se sentó en su trono, le fue dada toda autoridad sobre el cielo y la tierra. Satanás aún está activo, pero su influencia está disminuyendo mientras el reino de Dios avanza. Cuando Satanás fue arrojado del cielo (Ap. 12), fue destronado. Demasiados cristianos piensan que Satanás aún está en control de este mundo, pero en realidad, su reino ha sido conquistado.

Para ver esto más claramente, considere el hecho de que la terminología "el reino de Satanás," se utiliza en un contexto único en la Biblia. Cuando Jesús estaba expulsando un demonio de un cierto hombre, algunos fariseos lo acusaron de echar fuera demonios por la autoridad de Beelzebú, príncipe de los demonios (Mt. 12:24). Jesús respondió diciendo,

> *"Todo reino dividido contra sí mismo es asolado, y toda*

ciudad o casa dividida contra sí misma no se mantendrá en pie. Y si Satanás expulsa a Satanás, está dividido contra sí mismo; ¿cómo puede entonces mantenerse en pie su reino?"

(Mt. 12:25-26)

Este es el único contexto donde se referiere al reino de Satanás como "su reino" (a pesar de que esta coversación está escrita en Marcos 3:23-27 y Lucas 11:17-18). Observe que en este contexto Jesús estaba declarando la caída del reino de Satanás. Nuestro Señor luego dijo:

"Pero si yo expulso los demonios por el Espíritu de Dios, entonces el reino de Dios ha llegado a vosotros. ¿O cómo puede alguien entrar en la casa de un hombre fuerte y saquear sus bienes, si primero no lo ata? Y entonces saqueará su casa."

(Mt. 12:28-29)

Hace dos mil años vino el reino de Dios al mundo. Uno más fuerte que Satanás vino y lo destronó. Desde ese día su reino (de Satanás) se ha estado derrumbando. Lo único que falta es que su casa sea saqueada.

En otro versículo, el apóstol Pablo explicó que cuando la gente entrega su vida a Jesús, ellos son transferidos del dominio, reino, o autoridad (exousias, en Griego) de la oscuridad y son trasladados al reino de Jesús (Col. 1:13). Por consiguiente, apropiadamente podemos llamar la región de influencia de Satanás como un dominio, o región de autoridad, pero llamarlo un reino es darle demasiado crédito. Satanás está todavía activo, y sus demonios están trabajando aquí en la tierra, pero él no tiene reino.

Por esta razón nos enseñan a orar a Dios, *"porque tuyo es el reino, y el poder, y la gloria, por todos los siglos"* (Mt. 6:13). Sólo hay un reino ahora, y es el reino de Dios.

El pueblo de Dios debe saquear lo que queda del reino de Satanás. Claro, no estamos solos en esto. Dios ha estado ejecutando juicios a través de los tiempos, y continúa extendiendo su reino por toda la tierra. Somos socios con él en esa aventura.

Agregado a este entendimiento de la ruina de Satanás, hay otro punto mayor que entenderás si aceptas el punto de vista preterista parcial del libro de Apocalipsis. Entenderás que no habrá un periodo futuro de siete años de gran tribulación. Este entendimiento viene del hecho de que los futuristas toman Apocalipsis capítulos 4 al 18 y los aprietan a un periodo futuro de siete años en el cual Dios derramará su ira sobre el mundo. Acabamos de mostrar que los capítulos 4 al 18 no tienen la intención de ser interpretados como una profecía de una tribulación de siete años, sino que son cumplidos a través del curso de la historia.

Los futuristas también enseñan su doctrina de una tribulación de siete años por unir a Mateo 24 y Daniel 9:24-27 a su doctrina de la gran tribulación de siete años. En la sección 1 explicamos que la tribulación descrita en el discurso del Monte de los Olivos fue cumplida en el primer siglo. En la sección 3 explicamos que la semana setenta de Daniel fue cumplida también durante el primer siglo. Además de esos pasajes no hay versículos bíblicos que los futuristas puedan utilizar para construir su doctrina de un periodo futuro de siete años de tribulación. Una vez que entendamos estos pasajes en su contexto histórico, nos damos cuenta que no hay base bíblica para creer en una futura gran tribulación.

Claro, sí habrá tribulaciones en el futuro. Jesús explicó que sus discípulos siempre tendrían tiempos difíciles (Juan 15:18-20). Verdaderamente, muchos cristianos alrededor del mundo están experimentando persecución terrible aún ahora. Hasta el día que Jesús regrese habrá luchas entre los justos y los injustos.

Sin embargo, no hay base bíblica para decir que habrá una futura tribulación de siete años.

Los cristianos futuristas discuten seguido sobre doctrinas de pre-tribulación, medio-tribulación, o pos-tribulación, significando que cuestionan si habrá un rapto de la iglesia antes de una tribulación, en medio de una tribulación, o al final de una tribulación. Los preteristas parciales no son pre-tribulación, medio-tribulación, ni pos-tribulación. Somos no-tribulación, significando que no creemos que habrá un periodo de siete años de tribulación en el futuro. Damos por supuesto que siempre habrá tribulaciones en el sentido de tiempos difíciles, hasta el Dia de Jesucristo. Tribulación, sí -- pero siete años de gran tribulación – ¡no! no hay tal cosa en la Biblia!

Sección 5
Los Judíos, Israel y el Templo

Los asuntos que tienen que ver con el futuro de los judíos son centrales a nuestro entendimiento de cómo se dará el futuro. Los temas relacionados se conceptualizan muy distintamente desde el punto de vista futurista y del preterista parcial.

Los Judíos Rechazan al Mesías

En más de una ocasión, Jesús reprendió a los líderes religiosos judíos por rechazarlo a él y a los profetas a quienes Dios había enviado antes de él.

Nuestro Señor dijo una parábola de un terrateniente quien plantó una viña, la dejó a cargo de unos obreros, y luego se fue en un viaje largo. Cuando llegó la cosecha, el terrateniente envió a sus siervos para recojer los frutos, pero los viticultores se los negaron. Los viticultores golpearon a los siervos y mataron a uno. Entonces el terrateniente envió un grupo mas grande de siervos, y ellos fueron golpeados y no se les dió nada. Después el terrateniente envió a su propio hijo, pues pensó que los obreros respetarían a su hijo, pero aun él fue golpeado y luego matado por los viticultores (Mt. 21:33-46). Mateo 21:45 nos dice que cuando los líderes religiosos escucharon esta parábola, sabían que Jesús estaba hablando de ellos. Jesús los confrontó y dijo:

"Por eso os digo que el reino de Dios os será quitado y será dado a una nación que produzca sus frutos."

(Mt. 21:43)

Esta verdad que el reino de Dios fue quitado de los líderes judíos es difícil de recibir para muchos cristianos hoy, especialmente cristianos fundados en la perspectiva futurista, pues ellos continúan buscando que Dios restaure a Israel y que utiliza a los judíos para traer el reino de Dios aquí en la tierra.

Jesús continuó compartiendo otra parábola, hablando de las consecuencias sobre los judíos por rechazarlo como el Mesías. Jesús habló de un rey que invitó a muchas personas honorables a la fiesta de bodas de su hijo, pero todas esas personas tenían excusas por las cuales no podían asistir. Después de que su invitación fue rechazada una segunda vez, el rey se enojó y envió a sus ejércitos para destruir a algunos de ellos y quemar su ciudad (Mt. 22:7). El rey entonces invitó a gente común de las calles a la fiesta de bodas; las personas que vinieron en manera honorable fueron bienvenidos por el rey por asistir (Mt. 22:1-14).

En el siguiente capítulo de Mateo leemos que Jesús reprende a los líderes de judíos religiosos y termina su reprensión declarando que vendría destrucción sobre Jerusalén y el templo dentro de una generación (Mt. 23:36-38). Como hemos mostrado, eso fue cumplido en el 70 d.C. La culpa de toda la sangre justa derramada en la tierra desde la sangre de Abel a Zacarías vino sobre esa generación (Mt. 23:35-36).

Cristianos Honrando a los Judíos

Aunque los judíos rechazaron a Jesús como el Mesías, los cristianos gentiles deben seguir honrándolos por sus antepasados en común: Abraham, Isaac, y Jacob. Aún cuando los judíos perseguían a los cristianos, Pablo explicó que los cristianos deben respetar a los judíos porque Dios escogió a Abraham y a sus descendientes.

> *"En cuanto al evangelio, son enemigos por causa de vosotros; pero en cuanto a la elección de Dios, son amados por causa de los padres."* (Ro. 11:28)

Pablo entonces declaró *"Porque irrevocables son los dones y el llamamiento de Dios"* (Ro. 11:29), significando que Dios llamó a los israelitas, y mantendrá sus promesas a ellos.

Pablo explicó más allá esta verdad utilizando una analogía de un árbol de olivo.

> *"Pero si algunas de las ramas fueron desgajadas, y tú, siendo un olivo silvestre, fuiste injertado entre ellas y fuiste hecho participante con ellas de la rica savia de la raíz del olivo, no seas arrogante para con las ramas; pero si eres arrogante, recuerda que tú no eres el que sustenta la raíz, sino que la raíz es la que te sustenta a ti."* (Ro. 11:17-18)

Los cristianos gentiles pueden estar equivocados al abrazar actitudes negativas hacia los judíos. Ellos necesitan recordar que fueron los israelitas a quienes les fueron encomendadas la Ley y las promesas de Dios. Ellos son los que Dios escogió para establecer los mismos cimientos de la fe cristiana.

Por estas razones, los cristianos gentiles deben continuar – aún hoy – honrando a los judíos.

El Avivamiento Judío Venidero

Dios no ha rechazado a los descendientes naturales de Abraham (Ro. 11:1-2, 28-29). Aunque ellos rechazaron a Jesús y el reino fue quitado de ellos, ellos aún tienen un lugar en el plan de Dios que les asegura una oportunidad especial en el futuro.

Pablo explicó en Romanos 11:25:

"que a Israel le ha acontecido un endurecimiento parcial hasta que haya entrado la plenitud de los gentiles."

De esta frase *"endurecimiento parcial,"* podemos esperar que algunos judíos crean en Jesús, pero la mayoría permanecerán en incredulidad hasta *"la plenitud"* o hasta que la gran mayoría de los gentiles sean salvos. Cuando Dios esté satisfecho con la cosecha de gentiles, abrirá los ojos de los judíos, y entonces la gran mayoría de los judíos serán salvos (Ro. 11:23-29). En verdad, habrá un gran avivamiento entre los judíos antes del día de Jesucristo.

Pero eso no será el fin de la gran cosecha. Cuando los judíos abracen el evangelio traerán un avivamiento aún más grande entre los gentiles. Pablo explicó esto cuando escribió que los judíos fueron endurecidos por un tiempo para que los gentiles puedan ser acercados, pero *"Porque si el excluirlos a ellos [los judíos] es la reconciliación del mundo, ¿qué será su admisión, sino vida de entre los muertos?"* (Ro. 11:15). Verdaderamente, cuando los judíos sean salvos, causará que la fe de todos se avive en una manera nunca antes conocida.

El avivamiento futuro traerá unidad entre cristianos gentiles y cristianos judíos. Será el cumplimiento de las promesas de Dios para hacer *"un nuevo hombre,"* judíos y gentiles alabando y sirviendo a Dios juntos (Ef. 2:13-22).

¿Qué pasará en la Tierra del Israel?

Previo a 1948, los judíos no tenían casi nada de autoridad gubernamental en la tierra de Israel desde que Jerusalén fue destruida en el 70 d.C.. La ciudad fue destruida, y los judíos se esparcieron exactamente como Jesús había profetizado:

> *"Y caerán a filo de espada, y serán llevados cautivos a todas las naciones; y Jerusalén será hollada por los gentiles, hasta que los tiempos de los gentiles se cumplan."* (Lucas 21:24)

Por casi dos mil años Jerusalén ha sido pisoteada por los gentiles. La tierra entera de Jerusalén ha experimentado muchas guerras y ha estado bajo control de varios grupos de gente. No fue hasta 1948 que Israel se hizo una nación soberana bajo el control de líderes judíos.

Algunos cristianos creen que 1948 fue el cumplimiento histórico de la línea de tiempo de Dios cuando Jerusalén ya no sería pisoteada y *"los tiempos de los gentiles"* habían sido cumplidos. Tal vez esa fecha está, en efecto, sobre nosotros, pero sí hay razón para dudarlo porque Jerusalén, hasta un grado, sigue siendo pisoteada por gente no-judía. Aunque los judíos sostienen control político, otros pueblos – en particular, árabes en esa región – pelean por el control del área. Más encima, el templo musulmán, conocido como Cúpula de la Roca, está edificado en el lugar exacto donde el templo judío estuvo parado hace dos mil años. Esta Cúpula de la Roca es el tercer sitio más santo para los musulmanes, pero es una abominación a la vista de los judíos.

También hay razón para dudar que la época de los gentiles haya sido cumplido porque Dios continúa obrando poderosamente entre los gentiles. Incluso, hay más gentiles convirtiéndose en cristianos nacidos de nuevo hoy, que en cualquier época de la historia (aproximadamente 200,000 por día). Los hechos no apoyan la idea de que Dios ha girado su atención de los gentiles a los judíos, quienes en su mayoría permanecen endurecidos al evangelio, solo un pequeño porcentaje está creyendo que Jesús es el Mesías.

Cuando los tiempos de los gentiles sean verdaderamente cumplidos, ¿qué sucederá a la tierra de Israel? Aquellos que sostienen el punto de vista futurista creen que Dios cumplirá su promesa de devolver la tierra a los descendientes naturales de Abraham. Ellos citan la promesa que Dios le hizo a Abraham hace muchos años:

> *En aquel día el Señor hizo un pacto con Abram, diciendo: "A tu descendencia he dado esta tierra, desde el río de Egipto hasta el río grande, el río Éufrates."*
>
> (Gn. 15:18)

Seguidores la perspectiva futurista creen que Dios causará que los judíos quienes han sido esparcidos alrededor del mundo migren de regreso a Israel y establecerlos como una nación que será luz para el mundo. Los judíos experimentarán las bendiciones de Dios, y ellos serán elevados a una posición de gran autoridad.

Seguidores de la perspectiva preterista parcial ven un futuro muy distinto para los judíos e Israel. Como ya explicamos, los 490 años del favor de Dios ya pasaron. Los judíos experimentarán un avivamiento futuro, pero la tierra no será sujeta bajo un control exclusivamente judío. Por favor, permítenos explicar.

Maestros futuristas dicen o implican que los Judios están migrando de todas partes de las tierra de regreso a Israel, asi que Dios está cumpliendo su promesa a Abraham. Es cierto que aproximadamente 800,000 Judios han salido de Rusia hasta Israel en los años recientes; ademas, una gran porcentaje han usado a Israel como una estación de entrada a los Estados Unidos de América. Judios han migrado de otras lugares también, pero el Diario Israelita, *Yediot Ahronot* reporto que, en Abril 4 de 2007 hay en actualidad un exodo de gente de el pais.[*] En la realidad, hay más judíos en los EE.UU. que en Israel, y la población más grande que se ha localizado vive en la ciudad de Nueva York. La idea que los Judios están regresando en grupos masivos solo es un mito.

Primero, es importante apuntar que la promesa de Dios a Abraham no fue tan solo para la tierra que hoy es conocida como Israel. Dios prometió toda la tierra desde el río de Egipto hasta el río grande, el río Éufrates (Gn. 15:18), la cual corre a través de Siria, Kuwait, e Iraq. Esta tierra prometida también incluye la nación de Jordania y partes de Arabia Saudita. Si Dios dará la tierra que prometió a Abraham a los judíos modernos, como dice un maestro futurista, entonces los judíos tendrán que poseer toda la tierra entre los dos grandes ríos.

Pero la Biblia claramente nos dice de la transformación futura más significante que sucederá en esa región. Isaías profetizó, diciendo:

> "Y el Señor se dará a conocer en Egipto, y los egipcios conocerán al Señor en aquel día.... Aquel día habrá una calzada desde Egipto hasta Asiria; los asirios entrarán en Egipto y los egipcios en Asiria, y los egipcios adorarán junto con los asirios. Aquel día Israel será un tercero con Egipto y con Asiria, una bendición en medio de la tierra, porque el Señor de los ejércitos lo ha bendecido, diciendo: Bendito es Egipto mi pueblo, y Asiria obra de mis manos, e Israel mi heredad."
>
> (Isaías 19:21-25)

Este pasaje nos revela que el día vendrá cuando la gente de Egipto, Asiria e Israel alabarán al verdadero Dios. En el momento que se escribieron esas palabras, Egipto y Asi-

---

[*] Una interesante referencia que confirma puede ser encontrada en: http:// archive.newsmax.com/archives/articles/2002/10/18/1802.shtml.

ria eran imperios gigantes, con Asiria abarcando la mayor parte de la tierra prometida a Abraham. Isaías profetizó que estarán viajando de una región a otra con el propósito de alabar juntos.

La profecía de Isaías suena casi demasiado buena para ser verdad. Los grupos de gente que él mencionó han peleado entre sí por generaciones. Egipto y Siria se encuentran en los meros cimientos del mundo árabe, y un gran porcentaje de árabes son musulmán. Isaías dijo que aún árabes y judíos estarán alabando juntos.

La profecía de Isaías también revela el corazón de Dios para Egipto y Siria, pues Dios llamó a Egipto *"mi pueblo"* y a Asiria *"la obra de mis manos."* Oír a Dios hablar de esta manera puede ser difícil para cristianos (y judíos) quienes piensan de los judíos como los únicos escogidos de Dios. Claro, Dios sí escogió a los judíos, pero nunca fue su intención hacerlos los únicos humanos para recibir su favor. Sino que fueron escogidos como una luz a las naciones. Con el mismo amor que Dios trató con los judíos, él siempre ha deseado tratar con cada grupo de gente. El ama al mundo. Los judíos no fueron los únicos escogidos, pero ellos fueron las primicias en toda la tierra en revelar el corazón de Dios a todos.

Jesús nos dijo de un día cuando él traería a gente de grupos fuera de los judíos a sí mismo.

> *"Tengo otras ovejas que no son de este redil; a ésas también me es necesario traerlas, y oirán mi voz, y serán un rebaño con un solo pastor."*   (Juan 10:16)

Esta es la promesa que nosotros estamos esperando que sea cumplida - un rebaño consistiendo de muchos diferentes grupos de gente.

¿Dónde acontecerá esto? Por todo el mundo, pero mayormente en la tierra prometida. Dios va a tomar la región más tumultuosa del mundo para hacerla su vitrina donde varios pueblos se harán un rebaño con Jesucristo como su Pastor.

Dios no dará la tierra que le prometió a Abraham exclusivamente a los judíos. Él se la va a dar a sus hijos. Pablo dejó claro este punto en escribir:

> *"Ahora bien, las promesas fueron hechas a Abraham y a su descendencia. No dice: y a las descendencias, como refiriéndose a muchas, sino más bien a una: y a tu descendencia, es decir, Cristo."*   (Gá. 3:16)

Pablo explicó que las promesas no eran para Abraham y sus descendientes (plural). Fueron dadas por Dios a Abraham y su Descendiente (singular) – Jesucristo. Pablo siguió explicando que todos los que pongan su fe en Jesús heredarán las bendiciones prometidas a Abraham.

> *"Por consiguiente, sabed que los que son de fe, éstos son hijos de Abraham....No hay judío ni griego; no hay esclavo ni libre; no hay hombre ni mujer; porque todos sois uno en Cristo Jesús. Y si sois de Cristo, entonces sois descendencia de Abraham, herederos según la promesa."*
> (Gá. 3:7-29)

Pablo nos está dando la manera apropiada de entender las promesas de Dios para Abraham. ¿A quién le pertenece la tierra de promesa? ¿Quiénes son los herederos? Todos los que pongan su fe en Cristo Jesús.

¿Qué entonces debemos esperar para la tierra prometida? Sabemos que los judíos tendrán una presencia significante allí porque Isaías profetizó que los judíos adorarían a Dios junto con los países vecinos. Sin embargo, es también verdad que Dios va a dar la tierra a sus hijos quienes han nacido de la semilla – de Jesús. Por lo tanto, debemos esperar que muchos pueblos se establezcan en esa región. Cuando todos pueblos se postren ante el Señorío de Cristo Jesús, serán una luz a las naciones, pues esa región será el lugar más visible en la tierra donde varios pueblos se unirán bajo un Pastor, Cristo Jesús.

¿Qué del Templo en Jerusalén?

Los futuristas creen que el templo judío en Jerusalén debe ser reconstruido. Cabe en su cosmovisión porque piensan que en medio de los siete años de tribulación el anticristo pondrá fin a los sacrificios y ofrendas de los judíos. Según el sistema religioso judío, esas ofrendas y sacrificios deben ser acompañadas por ciertas prácticas religiosas que pueden ser llevadas a cabo solamente en el templo. Por este motivo, los creyentes del punto de vista futurista enseñan que el templo en Jerusalén debe ser restaurado antes o cerca de la gran tribulación.

Aquellos que abrazan el punto de vista preterista parcial tienen expectativas muy diferentes. El templo fue destruido en el 70 d.C. y Dios no tiene ninguna intención de permitir que el templo sea reconstruido. Jesús declaró a los judíos, *"He aquí vuestra casa se os deja desierta"* (Mt. 23:38). La intención es que ese templo fuera dejado desierto. Dios no quiere ver reconstruido el sistema religioso judío que destruyó. Él no quiere que la gente se acerque a él a través de sacrificios de animales, ni a través de un sumo sacerdote en el templo de Jerusalén. El no quiere que eso suceda – jamás - Jesús es el único mediador entre Dios y la humanidad.

Podemos obtener mayor confirmación de esto por considerar cómo Jesús y los apóstoles veían el templo. El único templo en el que ellos estaban interesados era el nuevo templo de cristianos quienes fueron habitados por el Espíritu Santo. En ningún lugar podemos encontrar ningún comentario indicando o implicando que el templo en Jerusalén sería reconstruido. Es más, ambos, Jesús y Esteban fueron sentenciados a muerte, y lo que fue central en provocar sus muertes fueron las declaraciones fuertes que hicieron: Dios no moraba en templos de piedra, que el templo judío sería destruido, y un nuevo templo espiritual sería levantado (Juan 2:19; Mr. 14:58; Hechos 6:13-14, 7:44-50).

El entendimiento del templo futuro de los escritores del Nuevo Testamento debe ser la base de nuestro entendimiento del templo. Nosotros creemos que ellos fueron inspirados por el Espíritu Santo; por lo tanto, necesitamos abrazar su entendimiento de como las promesas de Dios serían cumplidas.

Pablo habló sobre el nuevo templo consistiendo de ambos judíos y gentiles, siendo bien coordinados para convertirse en una morada para Dios. Ese templo, explicó Pablo, está siendo construido en los cimientos de los apóstoles y los profetas con Cristo Jesús como la piedra angular (Ef. 2:11-22). Ese es el templo que Jesús está construyendo, y las puertas del Hades no prevalecerán contra ella (Mt. 16:18).

Resumen

Algunos lectores pueden confundir el punto de vista que estamos presentando sobre los judíos con una enseñanza llamada teología del reemplazo. Eso sería un error. La teología del reemplazo enseña que Dios ha terminado su relación de pacto con los judíos, y los cristianos han reemplazado a los judíos en referencia a heredar todas las promesas que fueron originalmente hechas a Abraham.

En el otro extremo de la teología del reemplazo está el *sionismo*, que observe a Dios favoreciendo a los judíos a tal grado que causará que ellos migren de regreso a Israel a reconstruir el templo, y convertirse en una nación dominante en la tierra. Los futuristas sostienen el sionismo, y lo llaman *Sionismo cristiano*.

Nosotros no estamos enseñando ni la teología de reemplazo ni sionismo cristiano. Nosotros estamos enseñando *Un Hombre Nuevo*. Este punto de vista ve a Dios como que todavía mantiene un pacto con los judíos, asegurándoles de un futuro avivamiento espiritual. No obstante, las promesas de Dios para Abraham concernientes a la tierra están disponibles para todos los que pongan su fe en Jesús. La última meta estará en hacer que los judíos y gentiles sean un hombre nuevo, adorando a Dios juntos (Juan 10:16, Ef. 2:11-22).

1) **Teología del reemplazo:** Los cristianos han reemplazado a los judíos en referencia a todas las promesas que Dios les hizo a los judíos, incluso las promesas acerca de la tierra.

2) **Un nuevo hombre:** Dios aún tiene un pacto con los judíos que les asegura un futuro avivamiento; sin embargo, las promesas que Dios le hizo a Abraham, incluso las promesas de tierra, están disponibles para todo el pueblo de Dios.

3) **Sionismo cristiano:** Los judíos aún verán el cumplimiento de todas las promesas de Dios para ellos, incluso la promesa de tierra dada a Abraham.

Los sionistas cristianos muestran una gran lealtad a los judíos y hacia la nación de Israel. No debe ser ninguna sorpresa que los cristianos aman a los judíos como el judaísmo es la base del cristianismo. Dios moldeará los corazones de los judíos y gentiles juntos en el gran avivamiento final. Sin embargo, los preteristas parciales ven el sionismo cristiano como una mala interpretación de cómo Dios cumplirá sus promesas.

De mayor importancia, la tierra prometida a Abrahán nunca será poseído exclusivamente por los judíos. Como ramas desgajadas de los árboles, así los judíos fueron separados de las bendiciones prometidas a Abrahán (Rom. 11: 17-19). El día llegará en que los judíos que reciban a Jesús como el Mesías serán injertados de nuevo (Rom. 11:24), pero se unirán a todos los hijos de Dios. Por lo tanto, los judíos y los gentiles cristianos poseerán la tierra en colectivo.

Si abrazas la perspectiva que hemos estado explicando, vas a anticipar una gran cosecha de almas cuando el tiempo de los gentiles se cumpla. Esa cosecha desencadenará celos en el corazón de los judíos, y luego responderán al Evangelio. Sólo a partir de ese momento, los judíos y gentiles adorarán a Jesucristo al unísono. Desde aquel día, habrá paz en Jerusalén. Oremos para que ese día llegue pronto.

Sección 6
El Anticristo

Cuando los cristianos criados con el punto de vista futurista escuchan la palabra "anticristo," vienen a sus mentes imágenes de un gobernante malvado poseído por Satanás quien pronto tomará control del mundo estableciendo un gobierno mundial, un sistema económico unido, y un sistema religioso falso.*

¿Este punto de vista del anticristo realmente está en la Biblia?

---

* Notable maestro futurista, Jack Van Impe, escribe, "La lógica dicta que este hombre vive hoy, esperando hacer su movimiento" (*Millenium: Beginning or End?* [Nashville, TN: Word Publishing, 1999], p. 5).

Pasajes Pertinentes Tocante el Anticristo

La palabra "anticristo" se menciona en solo cuatro pasajes en la Biblia entera. Todas las cuatro menciones están en 1 y 2 de Juan. Veremos rápidamente cada uno de estos pasajes para aprender lo que la Biblia realmente dice sobre el anticristo, pero primero debes tomar en cuenta que tan poco la Biblia tiene que decir sobre este tema.

Algunos cristianos entrenados con el punto de vista futurista piensan que todo el libro se enfoca en el anticristo que viene y en sus actividades en el mundo durante los últimos días. En verdad, la palabra "anticristo" nunca aparece ni una sola vez en el libro de Apocalipsis. Este hecho puede ser asombroso para los cristianos que han estado por años bajo las enseñanzas futuristas. El anticristo es discutido extensivamente en aquellos círculos, y muchas de sus discusiones resultan de equiparar al anticristo con la bestia mencionada en Apocalipsis. Como estudiamos en la sección 4, la bestia es asociada más correctamente con el Imperio Romano. Como preteristas parciales, no vemos ninguna base justificable para asociar al anticristo mencionado en 1 y 2 de Juan con la bestia en Apocalipsis. Como veremos en las siguientes páginas, la descripción del anticristo que la Biblia nos presenta es muy diferente a la descripción de la bestia de Apocalipsis.

A los futuristas también les gusta asociar al anticristo con la persona mencionada en Daniel 9:27, quien puso fin al sacrificio y ofrendas de grano. El anticristo nunca se menciona en Daniel 9, y como discutimos en la sección 3, es más correcto entender que Jesús es el que pone fin a los sacrificios y ofrendas de granos.

A los futuristas también les gusta ver al anticristo en Mateo 24:15, donde Jesús se refirió a la abominación de la desolación. Como estudiamos en la sección 1, esto es más correctamente entendido como los ejércitos romanos rodeando Jerusalén. Es más, Lucas registró el mismo comentario de nuestro Señor y claramente nos dijo que la abominación desoladora se refería a esos ejércitos (Lc. 21:20).

El otro pasaje de la Biblia que los futuristas típicamente utilizan para enseñar sobre el anticristo es 2 Tesalonicenses 2:3-10, donde Pablo habla sobre el hombre de pecado (también llamado el hijo de perdición). Este pasaje tampoco tiene nada que ver con un anticristo futuro, como veremos. Este asunto es tan importante que incluiremos una discusión sobre el hombre de pecado en esta sección, pero primero examinemos los cuatro pasajes de la Biblia donde en verdad la palabra "anticristo" aparece.

Descripción de Juan Sobre el Anticristo

Como mencionamos, solo hay cuatro pasajes en la Biblia donde la palabra "anticristo" se puede encontrar y todas las cuatro están en 1 y 2 de Juan. Para entender como Juan utiliza este término, debemos primero identificar el marco histórico en el que estaba viviendo y la audiencia a la cual Juan estaba dirigiendo sus cartas.

El ministerio primario de Juan estaba en Asia Menor, la cual era el centro del *Gnosticismo*, una versión aberrante del cristianismo. Para entender el ministerio de Juan debemos entender este culto del primer siglo.

Gnosticismo del Primer Siglo

En el fondo del Gnosticismo del primer siglo estaba una cosmovisión en la cual el mundo espiritual estaba distintamente separado del mundo natural. El mundo espiritual se consideraba como bueno, y el mundo natural era corrupto y malvado. Mientras líderes nósticos intentaban unir esta cosmovisión con el cristianismo, ellos concluyeron que Dios no podía haber pasado por la encarnación ni venido a este mundo malvado en la forma de Jesús. Esto condujo a varias enseñanzas falsas sobre la naturaleza de Jesús (que discutimos a continuación). El pensar sobre este mundo natural como corrupto también los llevó a creer que una persona debe ser muy consciente espiritualmente para ser un buen cristiano. Por esta razon, desarrollaron entendimientos místicos y enseñaron que una persona debe tener conocimiento secreto para conocer a Dios. De esto viene la palabra gnosticismo, pues literalmente significa "conocimiento".

Durante el primer siglo, el gnosticismo tomó muchas formas, pero uno de los grupos gnósticos más influyentes rechazó completamente el Antiguo Testamento. Ellos declararon que el

Dios del Antiguo Testamento era el diablo y Jesús había venido a revelar un "Padre desconocido" a nosotros. Otros gnósticos enseñaron que los rituales del Antiguo Testamento aún eran válidos para los cristianos. Algunos eran hiperascéticos y enseñaron vegetarianismo y estaban en contra de cualquier expresión sexual – aun en el matrimonio – mientras otros enseñaban "libertad" de todas las leyes y celebraban orgías como parte de sus rituales.

Uno de los maestros gnósticos más prominentes era un hombre llamado Cerinthus. Él era un judío que vivía en Asia Menor, enseñando que Jesús era el hijo de José y María (no nacido de una virgen) – un hombre ordinario - Un espíritu celestial llamado "el Cristo" vino sobre Jesús en su bautismo y lo dejó en la crucificación. Jesús había traído enseñanzas secretas que permitirían a la gente sobrepasar la esclavitud al mundo físico, pero las costumbres judías también tenían que ser observadas. Aquellos que mostraron ser fieles a estas enseñanzas y observancias vivirían literalmente por 1,000 años de placeres sensuales. Estas enseñanzas de Cerinthus florecieron por Asia Menor.

Registros históricos nos dicen que Juan estaba tan horrorizado con las enseñanzas de Cerinthus que en una ocasión cuando Juan entró a unos baños públicos con sus discípulos en Efeso, el vio a Cerinthus y salió corriendo, advirtiendo a sus discípulos que la casa podría caerse porque "Cerinthus, el enemigo de la verdad, está adentro."*

Este es el marco en el cual Juan ministraba. La historia nos dice que para el año 150 d.C., un tercio de todos los cristianos estaban bajo la influencia del Gnosticismo. Era un culto enorme y una preocupación mayor de los padres de la iglesia. Juan estaba en las líneas frontales de la batalla.

---

* Pamphilius Eusebius, *The History of the Church* (London, England: Penguin Books, 1965), III, p. 28.

Juan Escribió para Pelear Contra el Gnosticismo

En cuanto nos enteramos sobre el marco histórico en el cual Juan ministraba, podemos más fácil entender sus escritos. Por ejemplo, su Evangelio comienza por decir:

"En el principio existía el Verbo, y el Verbo estaba con Dios, y el Verbo era Dios…Y el Verbo se hizo carne, y habitó entre nosotros, y vimos su gloria."

(Juan 1:1-14)

¿Ves qué tan profundo es esta declaración? Porque los gnósticos pensaban en el mundo natural como malvado, ellos no podían creer que Jesús podía haber sido Dios y al mismo tiempo haber podido tomar la forma humana. Juan audazmente le dijo al lector que vio a Jesús. Jesús era real. Jesús vino al mundo. Juan declaró que Jesús es Dios y que se hizo carne.

Juan también estaba contraargumentando el Gnosticismo cuando escribió sus primeras dos epístolas. Primero, Juan empieza con una declaración que está diametralmente opuesta al punto de vista gnóstico acerca de Jesús.

"Lo que existía desde el principio, lo que hemos oído, lo que hemos visto con nuestros ojos, lo que hemos contemplado y lo que han palpado nuestras manos, acerca del Verbo de vida (pues la vida fue manifestada, y nosotros la hemos visto y damos testimonio y os anunciamos la vida eterna, la cual estaba con el Padre y se nos manifestó);"

(1 Juan 1:1-2)

¿Ves qué tan claro y fuertemente Juan está confrontando al Gnosticismo? Juan dijo que él y los otros apóstoles oyeron a Jesús, lo vieron, y lo tocaron con sus manos. Él se manifestó a sí mismo en este mundo. Jesús era Dios, y se hizo carne.

Esta batalla que Juan tenía con el gnosticismo es conocimiento común entre eruditos de la Biblia. De verdad, cualquier estudiante que va en serio de entender los escritos de Juan estará muy consciente de este hecho.

El Anticristo en 1 y 2 Juan

Es con este entendimiento histórico que debemos leer los escritos de Juan. Hacia la mitad de su primera carta, Juan advirtió sobre los falsos profetas del gnosticismo.

> *"Amados, no creáis a todo espíritu, sino probad los espíritus para ver si son de Dios, porque muchos falsos profetas han salido al mundo. En esto conocéis el Espíritu de Dios: todo espíritu que confiesa que Jesucristo ha venido en carne, es de Dios; y todo espíritu que no confiesa a Jesús, no es de Dios; y este es el espíritu del anticristo, del cual habéis oído que viene, y que ahora ya está en el mundo."* (1 Juan 4:1-3)

Sabiendo que Juan estaba dirigiendo su carta a los cristianos del primer siglo, quienes por miles influenciados por el gnosticismo, podemos entender su advertencia para juzgar varios maestros. La base más fundamental para juzgarlos, declaró Juan, concierne a lo que ellos enseñan sobre Cristo Jesús. Los verdaderos profetas y maestros confesarán, *"que Cristo Jesús ha venido en carne."* Los falsos profetas negarán esto y/o niegan que Jesús es de Dios.

Este es el espíritu al que Juan conoce como el *anticristo*. Según Juan, el anticristo es un espíritu o aquel que tiene un espíritu que no confiesa que Jesús ha venido en la carne o que Jesús es de Dios.

Según las palabras de Juan, ¿cuándo estaba activo este anticristo en la tierra? Juan dijo que *"ya está en el mundo,"* esto es, estaba activo en el primer siglo mientras Juan vivía. Más específicamente, Juan atribuía la actividad del anticristo a *"los muchos falsos profetas que han salido por el mundo."* Según Juan, estos falsos profetas estaban activos durante su tiempo de vida.

Aceptar esta referencia de tiempo es difícil para los futuristas. Recuerda que comentamos antes (pp. 81-82) que los futuristas deben forzar cada pasaje que toca al tema de los últimos tiempos para hacerlo caber en sus presuposiciones de que todo debe suceder en el futuro. En contraste, los preteristas parciales no están obligados a hacer caber cualquier pasaje específico al futuro o al pasado. Ellos tratan de entender cada pasaje en su propio contexto y tiempo histórico. El preterista parcial busca indicaciones dentro del texto en cuanto a cuando aplica el pasaje. Luego el preterista parcial considera el registro histórico para ver si hay eventos históricos claros – y en este caso, individuales – que corresponden a la referencia bíblica.

Si adoptamos esta perspectiva mientras leemos el pasaje de 1 de Juan, nos damos cuenta de las referencias a dos tiempos que Juan dio en el texto:

1) *"han salido al mundo."*
2) *"ahora ya está en el mundo."*

Si vamos a leer estas referencias sin tratar de forzarlas en nuestras referencias de tiempo preconcebidas, no hay duda que Juan estaba escribiendo sobre un anticristo activo durante su tiempo de vida.

Ahora examinemos los otros pasajes que mencionan al anticristo.

1 Juan 2:18 nos dice:

> *"Hijitos, es la última hora, y así como oísteis que el anticristo viene, también ahora han surgido muchos anticristos; por eso sabemos que es la última hora."*

En este versículo, Juan no nos da una descripción o una defin-ición del anticristo, pero sí extiende nuestra comprensión, diciéndonos que hay muchos anticristos, no sólo uno. Más allá, él nos dice que ellos ya *"han surgido,"* esto es, en el tiempo de vida de Juan.

1 Juan 2:22 agrega a nuestro entendimiento:

> *¿Quién es el mentiroso, sino el que niega que Jesús es el Cristo? Este es el anticristo, el que niega al Padre y al Hijo.*

Esta descripción del anticristo es similar a la que ya hemos visto. El anticristo es el que niega que Jesús es el Cristo y niega al Padre y al Hijo.

Finalmente, veamos el cuarto y último pasaje en el cual el anticristo es mencionado:

> *"Pues muchos engañadores han salido al mundo que no confiesan que Jesucristo ha venido en carne. Ese es el engañador y el anticristo."*
>
> (2 Jn 1:7)

Noten la descripción del anticristo: el engañador quien *"no confiesa que Jesucristo ha venido en carne."* ¿Ves cuán claramente Juan está luchando contra la enseñanza herética del gnosticismo del primer siglo? Juan hablaba de un engañador que estaba activo en su tiempo de vida.

Eso es todo. No hay ningún otro pasaje en la Biblia que utilice la palabra "anticristo."

Para los cristianos quienes han estudiado el tiempo histórico de los escritos de Juan, es obvio que él está hablando de los maestros nósticos con los cuales estaba debatiendo durante el primer siglo. En tres de los cuatro pasajes en los cuales Juan se refiere al anticristo, los describe como aquellos quienes niegan a Jesús como el Cristo o niegan que Jesús vino en la carne.

Además, en tres de los cuatro pasajes Juan específicamente le dijo al lector que el anticristo estaba activo durante su tiempo de vida en el primer siglo:

1) *"también ahora han surgido muchos anticristos"*
(1 Jn 2:18)

2) "y que ahora ya está en el mundo"
(1 Jn 4:3)

3) *"han salido al mundo"*
(1 Jn 4:1)

4) *"han salido al mundo"*
(2 Jn 1:7)

Esto puede ser muy inquietante para los cristianos quienes han sido doctrinados en las enseñanzas futuristas. En la realidad, con un amigo ministro quien estaba presentando las verdades de 1 y 2 de Juan a una congregación se levantó una mujer que habló en protesta, demandando, "¡No me quites mi anticristo!" Es triste, pero es verdad. Algunos cristianos tienen su fe tan arraigada con enseñanzas futuristas del anticristo que ellos no pueden soportar que sean retados.

El Hombre de Pecado

Ya que a los maestros futuristas les gusta igualar al anticristo con el hombre de pecado (también llamado el hijo de perdición) mencionado en 2 Tes. 2 tenemos que discutir brevemente este tema.

Porque la gente viene a las Escrituras con todo tipo de entendimientos predeterminados, tenemos que ser cuidadosos en examinar lo que realmente es declarado sobre este hombre de pecado:

> *"Que nadie os engañe en ninguna manera, porque no vendrá sin que primero venga la apostasía y sea revelado el hombre de pecado, el hijo de perdición, el cual se opone y se exalta sobre todo lo que se llama dios o es objeto de culto, de manera que se sienta en el templo de Dios, presentándose como si fuera Dios....inicuo cuya venida es conforme a la actividad de Satanás, con todo poder y señales y prodigios mentirosos, y con todo engaño de iniquidad para los que se pierden, porque no recibieron el amor de la verdad para ser salvos."*
>
> (2 Ts. 2:3-10)

Para entender quién es este, hay que considerar el marco histórico de las palabras de Pablo. ¿A quiénes les escribía Pablo? Se dirigía a los cristianos que habitaban Tesalónica. Obviamente, él tenía una relación con estas personas. Eran personas las cuales Pablo sabía que entenderían sus palabras. Él no estaba escribiendo mensajes misteriosos que hubieran confundido sus mentes. De verdad, Pablo indica (2 Tes. 2:5) que él está clarificando las cosas que les había previamente enseñado oralmente estando presente con ellos. ¿Cómo habrían ellos entendido sus palabras?

Clave para nuestro entendimiento es el tiempo en el cual

este hombre de pecado había de estar activo. Pablo dijo que la apostasía debía venir primero, pero como discutimos en la sección 1, la apostasía vino durante el primer siglo.

> ## Cirilo de Jerusalén
>
> La mayoría se ha alejado de las doctrinas y están más listos para escoger lo que es malo en lugar de preferir lo que es bueno. Entonces allí tienes el alejamiento, y la venida del enemigo es de esperarse en seguida.
>
> (*Ancient Christian Commentary*, 2000, XI, p. 109)

Pablo nos dio otras referencias de tiempo para el hombre de pecado cuando escribió:

> *"Y vosotros sabéis lo que lo detiene por ahora, para ser revelado a su debido tiempo. Porque el misterio de la iniquidad ya está en acción, sólo que aquel que por ahora lo detiene, lo hará hasta que él mismo sea quitado de en medio."*   (2 Ts. 2:6-7)

Hay tres referencias de tiempo aquí que nos dicen que el hombre de pecado estaba alrededor durante el tiempo de vida de Pablo:

1) *"lo que lo detiene por ahora"*

2) "ya esta en acción"

3) "por ahora lo detiene"

Pablo también le dijo a los tesalonicenses, *"vosotros sabéis lo que lo detiene,"* implicando que ellos estaban familiarizados con este hombre de pecado y que tenía que ver con cosas sucediendo justo alrededor de ellos en ese tiempo.

Además, sabemos que Pablo fue matado alrededor del

68 d.C., entonces él debió estar escribiendo sobre algún gobernante de ese, o de un tiempo anterior.

¿A quién, entonces, se refiere como este hombre de pecado? En realidad, tenemos que darte tres respuestas. Claro, sabemos que sería mucho más fácil si tuviéramos solo una respuesta que ofrecer, pero decenas – tal vez cientos – de individuos han sido propuestos a través de la historia de la iglesia como este hombre de pecado. Después de un estudio extensivo hemos concluido que hay tres diferentes respuestas que tienen credibilidad significante.

Porque esto es solo un asunto lateral y este libro no se enfoca el hombre de pecado, solamente discutiremos cada una de las tres opciones brevemente. Se puede encontrar más información en los libros enlistados en la bibliografía.

El Emperador Nerón Como el Hombre de Pecado

Primero, debemos considerar quién habría de venir a las mentes de las personas a quienes Pablo escribió su carta. Recuerde que Pablo estaba escribiendo a gente real quien vivía en Asia Menor. Claro, hoy aceptamos la Segunda de Tesalonicenses como parte de la Escritura sagrada, y por lo tanto, podemos aplicar sus enseñanzas a nuestras propias vidas. Sin embargo, debemos mantener en nuestras mentes el tiempo histórico. Hace dos mil años cuando Pablo estaba escribiendo, estaba dirigiendo su carta a amigos y discípulos quienes estaban pasando por tiempos difíciles.

Poniéndonos en los zapatos de aquellos cristianos del primer siglo, es posible que hubiéramos igualado el hombre de pecado con el Emperador Nerón. Es difícil imaginar a cualquier otra persona más Pecadora de lo que fue él. Como explicamos, él mató a muchos de su propia familia, incluyendo a su esposa embarazada a quien mató a patadas, torturó y asesinó cristianos en gran número y demandó ser adorado como dios. Hay inscripciones de ese periodo de tiempo que se refieren a Nerón como "Dios Todopoderoso" y "Salvador." A la luz de esto, parece que los tesalonicenses quienes primero leyeron la carta de Pablo podrían fácilmente concluir que el hombre de pecado era Nerón.

Muchos maestros preteristas estarían de acuerdo que Nerón era el hombre de pecado. Tal vez el más notable sería Kenneth Gentry, Jr., quien ha escrito extensivamente sobre este tema. (Dos de sus libros están enlistados en la bibliografía).

John Chrysostom

"Pues el misterio del pecado ya está obrando." El habla aquí de Nerón....

(*Ancient Christian Commentary*, 2000, XI, p. 111)

Agustín

¿Qué quiere decir la declaración, que el misterio de iniquidad ya está obrando?...él siempre esperó que lo que dijo sería entendido como aplicado a Nerón.

Citado en *Apocalypse* por Stuart. Dec. 1, 07, http://www.preteristarchive.com/StudyArchive/a/Agustín_amillennial.html)

John Levi el Hombre de Pecado

John Bray, otro maestro de Escatología y autor respetado, da un argumento muy bueno que el hombre de pecado fue un hombre del primer siglo llamado John Levi de Giscala.*

John Levi fue un líder entre los zelotes quienes intentaban derrocar al gobierno romano. Él fue pecador en el sentido que no respetaba leyes; se rebeló contra ambos reinos judío y romano. Cuando Pablo escribió su carta a los tesalonicenses, John Levi estaba activo en Jerusalén alborotando a los judíos para que se rebelaran contra Roma, pero fue detenido por los sacerdotes y, en particular, Anano el sumo sacerdote. Levi luego incitó a los idumaeanes a levantarse contra Jerusalén con veinte mil soldados. Ellos encabezaron una gran masacre, matando a más de ocho mil, incluyendo al sumo sacerdote.

Una vez que el sumo sacerdote, esto es, el que lo detuvo, fue matado, John Levi alborotó a los zelotes, junto con muchos otros judíos, para que se rebelaran contra el gobierno romano. Fue esa rebelión – prevalente entre muchos judíos y más adelante alborotada por John Levi – que causó que Roma descendiera sobre Jerusalén y la destruyera en el 70 d.C.

Levi también ordenó que se quemara la reserva de maíz de la Ciudad, junto con otras provisiones, y como resultado, la hambruna vino y miles de habitantes de Jerusalén murieron de hambre mientras los ejércitos romanos tenían la Ciudad sitiada. Mientras la Ciudad estaba siendo atacada, John Levi y sus seguidores tomaron control del templo. Levi hizo que se contaminara el templo por usar los vasos sagrados y poniendo un alto a los sacrificios. En este sentido, John estaba poniéndose en el lugar de Dios mientras estaba en el templo.

John Levi fue llevado mientras el templo estaba quemándose al piso. Esto, diría autor John Bray, fue la instancia cuando Jesús vino en juicio y mató al hombre de pecado.

El Hombre Carnal Como el Hombre de Pecado

Otra explicación razonable demás del "hombre de pecado" de Pablo no es un individuo, sino la humanidad como un total en su estado carnal de pecado. Cuando los cristianos modernos

---

* John Bray, *The Man of Sin of II Thessalonians* 2, (Lakeland, FL: John Bray Ministry, 1997), pp. 27-41.

Escatología Victoriosa

escuchan esto por primera vez, muy seguido tienen dificultad en concebir esto porque siempre han pensado en un individuo cuando imaginan el hombre de pecado. Sin embargo, una vez que la persona permite que su mente piense en esta línea, puede ser que tenga mucho sentido.

Para considerar esta explicación, debemos ver a la humanidad dividida en dos grupos – los no salvos y los salvos - aquellos en Adán y aquellos en Cristo, el viejo hombre y el nuevo hombre, aquellos que son de pecado y aquellos que son justos. Es razonable para nosotros pensar en las personas en estos dos grupos porque el apóstol Pablo seguido habló de la gente, no como individuos, pero colectivamente como cuerpos corporativos con todos los otros individuos quienes están en una condición espiritual similar (ej. Rom. 5:12-21; 6:5-6; 1 Cor. 2:14; 3:1, 16; 12:12-14; 2 Cor. 6:14-16; Ef. 2:19-22; 4:22-24; Col. 3:5-11). Entonces, pues, el cuerpo colectivo de Adán es el hombre de pecado. En contraste, el cuerpo colectivo de Cristo es el templo de Dios. El hombre de pecado son todas las almas que estén muertas en pecado. El cuerpo de Cristo son todas las almas que estén vivas en Cristo. Como Pablo utiliza esta terminología frecuentemente en sus cartas, no es sorprendente encontrarlo utilizando las mismas ideas cuando escribe a los tesalonicenses.

Con esta comprensión podemos leer la descripción de Pablo del hombre de pecado,

> *"el cual se opone y se exalta sobre todo lo que se llama dios o es objeto de culto, de manera que se sienta en el templo de Dios, presentándose como si fuera Dios."*
>
> (2 Ts. 2:4)

Pablo podría estar explicando cómo la gente carnal rechaza al verdadero Dios y se pone a sí misma como dios.

Cuando Pablo escribe como el hombre carnal está siendo detenido. Puede ser entendido como el efecto que los cristianos tienen sobre el mundo porque son la sal de la tierra y la luz del mundo. Un día vendrá cuando Jesús regrese, y luego los verdaderos creyentes se encontrarán con él. En ese tiempo Jesús quitará el que detiene, y por lo tanto, habrá una revelación del hombre carnal. Será como la separación de la oveja de las cabras o el trigo de la paja. Una vez que el pueblo de Dios sea llevado, el hombre de pecado será revelado.

Pablo luego escribió:

"Y entonces será revelado ese inicuo, a quien el Señor matará con el espíritu de su boca, y destruirá con el resplandor de su venida."

(2 Ts. 2:8)

En su segunda venida, Jesús aparecerá en gloria, entonces matará al malvado y será expulsada la carnalidad.

De los autores cuyas palabras estás leyendo tú, este concepto del hombre de pecado es más favorecido por Martin Trench.

¿Quién Fue el Hombre de Pecado?

Aunque podamos preferir una explicación más que la otra, nadie sabe con certidumbre quién fue el hombre de pecado. Las referencias de tiempo dentro del texto dejan claro que estaba vivo durante el tiempo de los escritos de Pablo en el primer siglo. Como comentamos, puede referirse a la humanidad en su conjunto, en su estado carnal y de pecado. Podría ser también algún líder como Nerón o John Levi. Históricamente, sabemos que fue un tiempo muy difícil, con malvados líderes opresivos en muchos niveles de gobierno. Pudo haber sido cualquiera de ellos y aún algún líder de gobierno no conocido hoy, quien operó a un nivel muy local y quien los tesalonicenses tenían que soportar.

Resumen

En los años recientes, cientos de libros, películas y videos han construido una imagen de un lider universal que esta por venir llamado el "anticristo". Imaginaciones activas han estado trabajando construyendo imágenes de miedo y amenazas, y este mito se ha desarrollado en las mentes de millones de cristianos modernos.

Mucho de ese mito se edifica en el error de equivalar al anticristo de 1 y 2 de Juan, la bestia de Apocalipsis, y el hombre de pecado de 2 de Tesalonicenses. Como hemos explicado, no hay base bíblica para igualar al anticristo, la bestia y el hombre de pecado. Ciertamente cada uno es malvado, pero eso no es motivo suficiente para igualarlos nada mas que una persona razonable hoy en día equivaldría los tres: Hitler, Saddam Hussein y Osama bin Laden.

Más encima, las descripciones bíblicas del anticristo, la bestia y el hombre de pecado son muy diferentes una de otra. El anticristo de las cartas de Juan era un espíritu que negaba que Jesús vino en la carne. La bestia en Apocalipsis era un líder del Imperio romano y más seguramente el Emperador Nerón. Y el hombre de pecado puede ser una de varias entidades, pero hubo cientos de líderes malvados durante el primer siglo. No hay ninguna base razonable para decir que el anticristo, la bestia, y el hombre de pecado fueran el mismo individuo.

Concerniente al anticristo, sólo existen cuatro versículos en la Biblia que mencionan al anticristo, y todos ellos dicen o implican que el (los) anticristo(s) estaba(n) vivo(s) durante el primer siglo. Además, cuando entendemos la lucha histórica que la iglesia temprana tuvo contra el gnosticismo, nos damos cuenta que esos breves comentarios sobre el (los) anticristo(s) eran en referencia a falsos profetas quienes promovían esa cosmovisión herética.

Claro, los cristianos hoy pueden aceptar la evidencia histórica de esos anticristos en el primer siglo y aún así se imaginan algún anticristo que vendrá en el futuro. Sin embargo, tenemos que ser honestos y decir que la gente puede imaginar cualquier cosa que quiera, pero es claramente equivocado decir que existe alguna evidencia bíblica diciéndonos que ciertamente habrá algún anticristo viniendo en nuestro futuro.

Con valentía desafiamos a cualquier futurista a escribir en la línea de abajo, cualquier versículo de la Biblia que diga o implique que habrá un futuro anticristo:

_____

Perdónenos por ser tan dramáticos, pero si la gente no es obligada a ver la realidad, ellos tienen dificultad en soltar doctrinas queridas. En verdad, nadie puede llenar la línea porque no hay versículo de la Biblia diciéndonos que habrá un anticristo en el futuro.

Sección 7
El Rapto

Ambos, los futuristas y los preteristas parciales creen en el rapto. Ambos también creen en la segunda venida – que Jesús regresará en poder y gloria, aparecerá en el cielo, y juzgará al mundo.

Sin embargo, están de desacuerdo en cómo y cuándo sucederán estas cosas.

Antes de que expliquemos esta diferencia, es de ayuda apuntar que la palabra "rapto" nunca se utiliza en la Biblia. Es una transliteración inglesa de la palabra del latín *rapio*. Esa palabra del latín aparece en 1 de Ts 4:17 en la traducción latina de la Biblia. La palabra real en griego utilizada en este versículo es *harpazo*, la cual es mejor traducida como "atrapado."

Nosotros utilizaremos las palabras "rapto" y "atrapado" intercambiablemente; sin embargo, el término "atrapado" mejor transmite el significado literal intencionado por los escritores de la Biblia.

Vista Futurista de las Segunda Venida

El punto de vista futurista normalmente pinta el rapto de la siguiente manera: Muy pronto Jesús regresará y secretamente aparecerá en el cielo para que solamente los creyentes lo puedan ver. Entonces todos los creyentes desaparecerán del planeta Tierra, siendo "atrapados" para verse con el Señor en el aire. Carros chocarán mientras choferes cristianos desaparecen. Pilas de ropa serán dejadas atrás mientras cristianos dejan esta habitación. También, los cuerpos de creyentes muertos de repente desaparecerán de sus tumbas, siendo llevados hacia Jesús.

Jesús llevará a todos los creyentes al cielo por siete años. Durante ese periodo en el cielo, ellos disfrutarán del banquete de las bodas del Cordero, que es el banquete de la boda entre Jesús y su novia.

Durante esos siete años, el anticristo reinará en la tierra, y la mayoría de la humanidad lo seguirá. Entonces habrá un tiempo de tribulación mientras los eventos de Apocalipsis capítulos 4 al 8 suceden y Dios derrama su ira, destruyendo a mucha de la tierra, incluso un tercio de toda la gente.

Ahora, aquí es donde se pone un poco confuso: Aunque maestros futuristas dicen que el rapto es la segunda venida de Jesús, será solamente una parte de la segunda venida de Jesús; siete años después, al final del banquete celestial y tribulación terrenal, la segunda parte de la segunda venida tomará lugar. Maestros futuristas dicen que Jesús regresará otra vez, trayendo a todos los creyentes con él. Esta vez su regreso no será en secreto, sino que, todo ojo lo verá. Él vendrá en juicio, y su ejército conquistará a sus enemigos en la batalla de Armagedón.

Hay leves diferencias entre maestros futuristas, pero esta es una versión muy popular.

La Perspectiva Futurista con las Dos Partes de la Segunda Venida de Jesús:

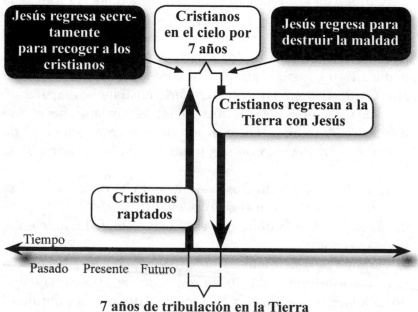

7 años de tribulación en la Tierra

Este punto de vista – que el rapto y el regreso de Jesús son dos diferentes eventos separados por siete años – no fue conocido antes del siglo XIX. Las referencias históricas más tempranas a esta doctrina han sido encontradas en los escritos de Dr. John Gill (1748) y Morgan Edwards (1788).

La teoria del rapto no fue aceptado por ningun grupo hasta que un líder religioso británico llamado John Nelson Darby declaró que recibió la revelación del rapto alrededor de 1827, y lo dijo públicamente en el Congreso Powerscourt en Irlanda en 1830-33. (Algunos escritos indican que Darby formó la idea a partir de una pronunciación profética entregada por una muchacha escocesa de 15 años de edad llamada Margaret MacDonald.) Junto con otros líderes, Darby formó el movimiento de la Hermandad Plymouth el cual se convirtió en el abogado más fuerte de la doctrina "en cualquier momento."

Darby trajo este punto de vista a América cuando la visitó alrededor de 1864. Creció en aceptación en los Estados Unidos después de la guerra civil cuando William E. Blackstone escribió Jesús viene. D.L. Moody fue un partidario de esta doctrina; sin embargo, no se hizo popular hasta que los pensamientos de Darby fueron insertados en las notas a pie de página de la famosa *Biblia de Referencia Scofield* en 1909.*

La opinión de Darby y Scofield se convirtió en la vista del futurista moderno. El periodo de siete años de cristianos habitando el cielo es donde los maestros futuristas ubican "la semana 70" de Daniel, sobre la cual comentamos anteriormente (sección 3). Mientras los cristianos están en el cielo, Dios les dará a los judíos siete años de favor en la Tierra, durante los cuales se les dará un lugar de prominencia en eventos mundiales y gobierno. A la mitad de los siete años, según maestros futuristas, el anticristo romperá su pacto con los judíos, entrará al templo reconstruido en Jerusalén y se declarará a sí mismo como dios. En ese tiempo, Dios comenzará a derramar su ira sobre el mundo y una gran tribulación sucederá sobre la tierra entera. Al fin de los siete años, la parte dos de la segunda venida sucederá, mientras Jesús regresa a la tierra.

---

* Kelley Varner, *Whose Right It Is,* (Shippensburg, PA: Destiny Image, 1995), pp. 143-145.

Vista Preterista Parcial de las Segunda Venida

Como explicamos anteriormente (sección 3), los maestros del punto de vista preterista parcial creen que la semana setenta de Daniel fue completada durante el primer siglo, inmediatamente después de las 69 semanas reveladas en Daniel capítulo 9. Por lo tanto, ellos no ven algún periodo especial de siete años en el futuro. Ellos no ven dos partes de la segunda venida, separada por siete años. En lugar de ésto, ven la venida de Cristo sucediendo completamente en un solo gran evento.

Los preteristas parciales entienden que Jesús continuará construyendo su iglesia, y aunque los cristianos enfrentarán muchas pruebas y contratiempos, ellos experimentarán más éxitos que fallas. Esta construcción progresiva continuará hasta "el último día," un día que solamente Dios conoce. En ese día, sin ninguna señal de advertencia, Jesucristo regresará en las nubes y todo ojo lo verá. Todos los creyentes – vivos y muertos – serán "atrapados" o "arrebatados" para estar con él, mientras que regresa.

En este rapto los cristianos no serán llevados al cielo por siete años. Ellos serán "atrapados," tal y como una gallina recogería sus polluelos debajo de sus alas. Jesús protegerá a su pueblo mientras purga la tierra de la maldad, entonces traerá a los creyentes a la tierra con él. Por esta razón hicimos la distinción que la palabra griega *harpazo* es más correctamente traducida como "atrapados" en vez de "raptados". Los cristianos no serán llevados al cielo, pero serán atrapados para verse con el Señor en el aire y luego rápidamente descender con él de vuelta a la tierra para gobernar y reinar con él.

Maestros del punto de vista preterista parcial compararán este ser atrapados con gente yendo a estar con un amigo quien acaba de llegar al aeropuerto local. Cuando su amigo llega, ellos podrán ir a verlo, estar con él. No volarán con él en otro avión, pero lo acompañarán mientras vaya a su casa. En una manera similar, Jesús está regresando, no para llevarse a los creyentes, pero para acompañarlos en la tierra. Los cristianos irán con él en el aire, y ellos se detendran en ese lugar solamente por el tiempo que le tome a Jesús purgar la tierra de la maldad – un proceso que será instantáneo, o casi tal, porque su apariencia gloriosa transformará todo.[*]

La Perspectiva Preterista Parcial sobre la Segunda Venida:

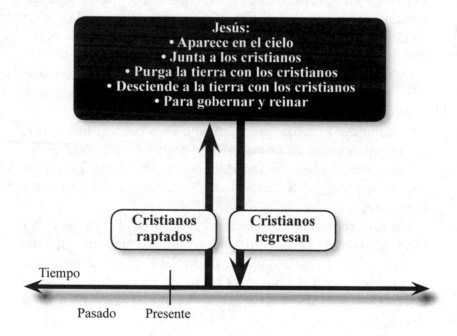

Examinando Pasajes Pertinentes

Permítanos enseñarle por qué el punto de vista preterista parcial del rapto es más bíblico que el punto de vista futurista. Aunque hay un número de pasajes de las Escrituras que hablan del regreso de Cristo, hay tres pasajes principales (y un cuarto pasaje controversial) a que se refieren usualmente cuando se discute el rapto.

Los primeros dos pasajes hablan sobre los cristianos recibiendo cuerpos glorificados:

> *"He aquí, os digo un misterio: no todos dormiremos, pero todos seremos transformados en un momento, en un abrir y cerrar de ojos, a la trompeta final; pues la trompeta sonará y los muertos resucitarán incorrupt-ibles, y nosotros seremos transformados."*
>
> (1 Co. 15:51-52)

> *"Porque nuestra ciudadanía está en los cielos, de donde también ansiosamente esperamos a un Salvador, el Se-ñor Jesucristo, el cual transformará el cuerpo de nuestro estado de humillación en conformidad al cuerpo de su gloria, por el ejercicio del poder que tiene aun para su-jetar todas las cosas a sí mismo."*
>
> (Fil. 3:20-21)

Estos pasajes hablan sobre nuestros nuevos cuerpos y no se trata del aspecto de ser "atrapados" en el rapto. Como los dos, los futuristas y preteristas parciales ven una transformación instantánea de cristianos en el rapto, estas escrituras pueden ser utilizadas para apoyar cualquiera de las perspectivas.

Un tercer pasaje utilizado para enseñar sobre el rapto es 1 Ts. 4:16-17:

> *"Pues el Señor mismo descenderá del cielo con voz de*

mando, con voz de arcángel y con la trompeta de Dios, y los muertos en Cristo se levantarán primero. Entonces nosotros, los que estemos vivos y que permanezcamos, seremos arrebatados juntamente con ellos en las nubes al encuentro del Señor en el aire, y así estaremos con el Señor siempre."

Este es el pasaje clave. Es el único que habla de nosotros siendo "arrebatados" para estar con el Señor en el aire. Como hicimos notar antes, no dice que seremos "llevados" al cielo por siete años. Dice que seremos "arrebatados" para "recibir" al Señor en el aire.

Este mismo termino "recibir" (*apantesis*, en griego) es utilizado cuando Pablo estaba viajando a Roma:

"Cuando los hermanos tuvieron noticia de nuestra llegada, vinieron desde allá a recibirnos hasta el Foro de Apio y Las Tres Tabernas; y cuando Pablo los vio, dio gracias a Dios y cobró ánimo. Cuando entramos en Roma..."
(Hechos 28:15-16)

Vemos aquí que los discípulos salieron a recibir a Pablo, pero luego Pablo no hizo reversa en su dirección de irse de Roma. Él continuó a Roma con los discípulos acompañándolo.

Similarmente la palabra "salir a recibir" se emplea dos veces en la parábola de las diez vírgenes (Mt. 25:1-13). Allí leemos como cinco vírgenes sabias "salieron a recibir" al novio. Ellas no fueron con él para irse con él a otro lugar. Sino que "salieron a recibirlo" y darle la bienvenida.

Es en este mismo sentido que los cristianos saldrán a recibir al Señor en el aire – no para volar con él a otro lugar – sino para darle la bienvenida y luego acompañarlo de regreso a la tierra. En otras palabras, Jesús de verdad regresará a la tierra.

Antes, dijimos que había un cuarto pasaje de la Escritura

usualmente discutido en conexión con el rapto y que este era un pasaje controversial. En verdad, la mayoría de los erúditos que enseñan la perspectiva futurista fácilmente admiten que este pasaje es citado incorrectamente por los más populares maestros y novelistas futuristas del tipo "ciencia ficción". Es el famoso pasaje "Dejados Atrás" en Mateo 24:

> *"Porque como en los días de Noé, así será la venida del Hijo del Hombre....estarán dos en el campo; uno será llevado y el otro será dejado. Dos mujeres estarán moliendo en el molino; una será llevada y la otra será dejada. Por tanto, velad, porque no sabéis en qué día vuestro Señor viene."*

(Mateo 24:37-42)

Cuando comentamos sobre Mateo 24 en la sección 1, explicamos que este pasaje no está hablando de un rapto secreto de los cristianos, sino que de la segunda venida de Jesús, cuando él quitará a todos los incrédulos de la tierra.

Para confirmar esto, podemos notar que los que son llevados en este pasaje no son los creyentes, como dicen algunos maestros futuristas. Jesús está explicando justo lo contrario. En el día de Noé el juicio vino de repente y se llevó todo lo impío. Noé y su familia fueron dejados atrás para heredar la tierra. Si aplicamos esto, como Jesús lo hizo a su juicio de venida, entonces veremos a los cristianos siendo protegidos en los brazos de Jesús, así como Noé fue protegido en el arca. Entonces los impíos son llevados. Después de eso los justos son "dejados atrás" para gobernar y reinar con Jesús en la tierra.

Esto es exactamente lo que Jesús había enseñado a sus discípulos en Mateo 13 en la parábola del trigo y la cizaña:

> *"Por tanto, así como la cizaña se recoge y se quema en el fuego, de la misma manera será en el fin del mundo. El Hijo del Hombre enviará a sus ángeles, y recogerán de*

su reino a todos los que son piedra de tropiezo y a los que hacen iniquidad; y los echarán en el horno de fuego; allí será el llanto y el crujir de dientes. Entonces los justos resplandeceran como el sol en el reino de su Padre. El que tiene oídos, que oiga."

(Mt. 13:40-43)

Jesús habla muy claro. Son los impíos quienes serán eliminados, reunidos y llevados de la Tierra. Son los justos quienes serán dejados para brillar como el sol.

Contrario a lo que los futuristas harían creer a los cristianos, nosotros queremos ser "dejados atrás" para que podamos gobernar y reinar con Jesús. O sea, como Mateo 5:5 nos dice, los mansos heredarán la tierra.

Resumen

Si abrazas la perspectiva preterista parcial de la segunda venida de Jesús, no lo verás sucediendo en dos partes. Verás que no hay un periodo de siete años durante el cual los cristianos estarán en el cielo mientras que la ira de Dios se derrama sobre la tierra. Cuando Jesús regrese, real y literalmente regresará a la Tierra.

Otra diferencia grande entre el punto de vista futurista y el preterista parcial es el enfoque en lo que sucederá en el futuro cercano. Los maestros futuristas enfatizan el rapto venidero tanto que permanece al frente de las mentes de los oyentes; es el próximo gran evento que ellos están esperando ansiosamente. En contraste, los cristianos que abrazan la perspectiva preterista parcial creen en un rapto venidero seguro, pero su enfoque principal está en la iglesia levantándose en gloria con una gran cosecha de almas por todo lado del mundo.

La mayoría de los maestros futuristas también dirían que están buscando una gran cosecha, pero se contradicen a sí mismos al decir esto porque su entendimiento de Mateo 24 requiere una gran apostasía. Su punto de vista también dicta una creencia que el mundo se pondrá peor y peor, el anticristo tomará control, y Jesús los raptará antes de que Dios derrame su ira sobre la tierra. Maestros futuristas intentan a sostener los dos puntos de vista opuestos.

Los maestros futuristas están mayormente conscientes de su escape pronto-venidero por medio del rapto. Los preteristas parciales están mayormente conscientes de la iglesia levantándose en poder, y de la gran cosecha venidera.

Sección 8
Los Últimos Tiempos

Los siguientes términos son utilizados intercambiablemente:

Tiempos finales
Días finales
Últimos días
Postreros días

Como la forma plural es utilizada en cada una de estas expresiones, podemos concluir que los eventos relacionados no sucederán en un solo día, sino que desempeñarán durante un período de tiempo prolongado.

Cuando la Biblia habla sobre el día en su forma singular, regularmente se está refiriendo al día final del Gran juicio en el cual toda persona será reunida ante el Señor para juicio. El día, o lo que también se llama el día del Señor, será el clímax de la historia y deberá ser distinguido de los últimos tiempos.

En la discusión siguiente, no estaremos hablando sobre el día del Señor, pero examinaremos el uso de la Biblia de los tiempos finales, días finales, últimos días, y postreros días.

Los Apostoles se Creyeron Estar en los Tiempos del Fin

Varios pasajes de la Biblia revelan que los apóstoles del primer siglo creían que estaban viviendo en los tiempos finales. Por ejemplo, cuando Pedro predicó en el día de Pentecostés, citó el libro de Joel, aplicando el término "últimos días" a la experiencia del Espíritu Santo siendo derramado en ese tiempo en sus vidas.

> *"Porque éstos no están borrachos como vosotros suponéis...sino que <u>esto es lo que fue dicho por medio del profeta Joel:</u> 'Y sucedera en los <u>ultimos días</u> —dice Dios— que derramaré de mi Espíritu sobre toda carne..."*
> (Hechos 2:15-17; subrayado agregado)

Pedro estaba convencido que estaba viviendo los últimos días, y estaba tan confiado de esto que citó un pasaje de Joel declarando que estaba siendo cumplido en el día de Pentecostés.

Pedro también escribió esto en su primera epístola con la idea que estaba viviendo en los últimos tiempos:

> *"Porque El estaba preparado desde antes de la fundación del mundo, pero se ha manifestado en estos <u>últimos tiempos</u> por amor a vosotros."*
> (1 Pe. 1:20; subrayado agregado)

Observe como Pedro definó los últimos tiempos como los tiempos en los cuales Jesús se les apareció a ellos durante su tiempo de vida.

El apóstol Pablo también habló en tales términos mientras enseñaba que nosotros deberíamos de aprender de los eventos que sucedieron en el Antiguo Testamento:

> *"Estas cosas les sucedieron como ejemplo, y fueron es-*

*critas como enseñanza para nosotros, para quienes ha
llegado el fin de los siglos. Y estas cosas les acontecieron
como ejemplo, y están escritas para amonestarnos a nosotros, a <u>quienes ha llegado el fin de los siglos</u>."*

(1 Co. 10:11; subrayado agregado)

¿Estaba Pablo equivocado? ¿Estaba Pedro equivocado?
¿Estaban ellos confundidos?

Si nosotros estudiamos las enseñanzas de otros escritores
del Nuevo Testamento, aprendemos que ellos también creían
que estaban experimentando los últimos días.

El escritor de Hebreos escribió:

*"Dios, habiendo hablado hace mucho tiempo, en muchas
ocasiones y de muchas maneras a los padres por los profetas, <u>en estos últimos días</u> nos ha hablado por su Hijo, a
quien constituyó heredero de todas las cosas, por medio
de quien hizo también el universo."*

(He. 1:1-2; subrayado agregado)

El escritor estaba convencido que estaba viviendo en los
últimos días, y definió los últimos días como el periodo
durante el cual Dios habló a través de Jesús mientras Jesús
estaba vivo en la tierra.

Vemos que Santiago tenía la misma creencia cuando
leemos como reprendió a algunas personas ricas codiciosas,
contándoles de la destrucción que estaba por venir sobre ellos,
diciendo:

"Es en <u>los últimos días</u> que habéis acumulado tesoros."

(Santiago 5:3; subrayado agregado)

Santiago creía que los "últimos días" eran entonces, en aquel
tiempo en la historia durante el primer siglo.

El apóstol Juan declaró esta creencia con mayor convicción

aún:

> *"Hijitos, <u>es la última hora</u>, y así como oísteis que el anticristo viene, también ahora han surgido muchos anticristos; por eso sabemos que es <u>la última hora</u>."*
>
> (1 Juan 2:18; subrayado agregado)

Juan estaba convencido que estaba viviendo en la última hora, basado en la presencia de anticristos. Juan esperaba que sus discípulos se dieran cuenta de esto, también.

¿Estaban equivocados los escritores del Nuevo Testamento? ¿Vivían en los tiempos finales? ¿O los tiempos finales están por venir en nuestro futuro? ¿Acaso los apóstoles adivinaron erróneamente? ¿Se subestimaron en 2,000 años?

Vista Futurista
de los Tiempos Finales

Un punto mayor de los maestros futuristas es que nosotros – viviendo dos mil años después de los apóstoles del primer siglo – estamos en los últimos días, o por lo menos acercándonos a esos días. Cuando ellos hablan sobre los últimos días o tiempos finales, se están refiriendo al escenario de eventos que creen que culminarán en la segunda venida de Jesús. Cuando cualquiera de los maestros futuristas habla sobre el rapto, la gran tribulación, el anticristo, y el fin del mundo, ellos se están refiriendo a este periodo de fin de tiempo. Ellos también hablan de "señales" de los tiempos finales, incluyendo terremotos, hambruna, desastres, y gente alejandose de la fe. Todas estas cosas son discutidas en el contexto de los tiempos finales como un periodo que vendrá en el futuro próximo o tal vez recientemente ha comenzado.

Los Tiempos Finales según la Perspectiva Futurista:

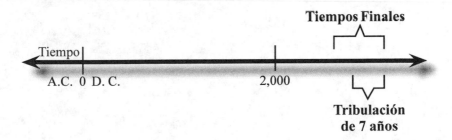

Si un maestro futurista es presionado en el punto que los escritores del Nuevo Testamento creían que estaban en los últimos días, el futurista concederá y luego dirá que el apóstol se equivocó, o dirán que "los tiempos finales" es un periodo desde la resurrección de Jesús hasta el fin del mundo. Ellos dirán que los últimos días se han extendido más de 2,000 años. Aunque hacen este ajuste en su definición de los últimos tiempos cuando sea necesario, ellos rápidamente regresarán a su discusión sobre los tiempos finales siendo los cortos años justo antes del fin del mundo.

Vista Preterista Parcial de los Tiempos Finales

Los maestros que sostienen el punto de vista preterista parcial creen las palabras de los escritores del Nuevo Testamento literalmente. Pedro, Pablo, Santiago, y Juan no estaban equivocados. Los apóstoles estaban viviendo en los últimos días. Nosotros no vivimos en los tiempos finales.

Por favor, permítanos explicar.

Primero, necesitamos definir lo que la Biblia quiso decir con los tiempos finales o los últimos días.

Joel definió los últimos días como el periodo en el cual el Espíritu Santo sería derramado sobre el mundo. Pedro aceptó la definición de Joel y creyó que fue cumplido en el día de Pentecostés (Hechos 2:16-17).

Pedro también identificó los últimos días como el periodo durante el cual Jesús caminó en la tierra (1 Pe. 1:20).

Santiago entendió los últimos días como el tiempo de su vida, cuanta destrucción estaba por venir sobre su generación (Santiago 5:3).

Juan definió la última hora como el periodo en el cual los anticristos estaban activos y Juan creyó que esos anticristos estaban activos en sus tiempo de vida (I Juan 2:18).

El escritor de Hebreos utilizó la terminología últimos días para referirse al periodo en el cual Dios habló a la humanidad a través de Jesucristo mientras Jesús estaba vivo en la tierra hace dos mil años (He. 1:1-2).

Según cada uno de estas definiciones de "los tiempos finales," los apóstoles sí vivieron en los tiempos finales.

Si nosotros creemos que los escritores de la Biblia fueron inspirados por Dios para escribir lo que escribieron, entonces no podemos decir que ellos se equivocaron. Por ejemplo, Juan enfáticamente dijo, *"ya es la última hora"* (I Juan 2:18). Ya que creemos que Dios inspiró a Juan, tenemos que concluir que Dios creyó – sabía – que era la última hora hace 2,000 años.

303

Los preteristas parciales están de acuerdo con lo que la Biblia claramente dice. Los tiempos finales tomaron lugar durante el primer siglo.

¿Cómo puede ser posible que el periodo llamado los tiempos finales fuera en el primer siglo?

Ponte en los zapatos de la gente judía en los días de Jesús. Aquellos quienes conocían sus Escrituras – el Antiguo Testamento – conocían la promesa de Dios. Las promesas más alentadoras se centraban en un Mesías venidero, un nuevo reino, y Dios haciendo un nuevo pacto con su pueblo. Los judíos devotos centraban sus vidas alrededor de estas promesas. Tan importantes eran estas promesas que siempre estaban buscando los días prometidos a ellos por los profetas del Antiguo Testamento.

Cuando Jesús vino, trajo el nuevo reino. Él estableció el nuevo pacto. El templo fue destruido. El antiguo sistema religioso terminó. El final de lo viejo vino en el primer siglo. Eso fue "los tiempos finales". Terminó con lo anterior. Los tiempos finales fue el periodo en el cual Dios abolió lo viejo estableciendo lo nuevo. Fue desde el día en que Jesús se reveló a sí mismo como el Mesías, hasta la destrucción del templo en Jerusalén en el 70 d.C. Los apóstoles no estaban equivocados. Sí vivieron en los tiempos finales. ¡Nosotros vivimos en tiempos nuevos! ¡En un nuevo reino y un nuevo pacto!

Los Tiempos Finales según la Perspectiva Preterista Parcial:

304

Esta perspectiva puede ser asombrosa e inquietante cuando as escuchado por primera vez por cristianos entrenados bajo el punto de vista futurista. Ellos han escuchado los términos tiempos finales y últimos días utilizados tantas veces en referencia al final del mundo que no pueden concebir un error tan grande en su forma de pensar.

Sin embargo, si vamos a interpretar las Escrituras con cualquier sentido de integridad, debemos verlas en su marco histórico. Como hemos enfatizado, debemos ver dentro del contexto del pasaje para las referencias de tiempo:

1) *"Mas esto es lo que fue dicho por medio del profeta Joel...en los últimos días"*   (Hechos 2:16-17)

2) *"en estos últimos tiempos"*   (I Pedro 1:20)

3) *"para nosotros, para quienes ha llegado el fin de los siglos"*   (I Co. 10:11)

4) *"en estos últimos días"*   (He. 1:1-2)

5) *"Es en los últimos días"*   (Santiago 5:3)

6) *"ya es la última hora"*   (I Juan 2:18)

7) *"sabemos que es la última hora"*   (I Juan 2:18)

Si leemos cualquiera de estos pasajes bíblicos sin la idea preconcebida que tienen que caber en el futuro, no hay duda, que las referencias de tiempo se refieren al pasado, y en particular, al periodo en el cual los primeros apóstoles vivieron.

Este asunto es importante no tan solo para cristianos, pero también para nuestra defensa de la fe ante los no-creyentes. Uno de los ateos más influyentes de los tiempos modernos fue un escolar llamado Bertrand Russell. En su libro *"Por Qué No Soy Cristiano"*, Russell apunta que tan equivocados y mal guiados estaban los discípulos en creer que estaban viviendo en tiempos finales. Más importante aún, Russell declaró que Jesús era un falso profeta ya que los eventos de Mateo 24 (por lo menos a su entendimiento) no sucedieron dentro de una generación.[*] Russell y muchos otros ateos influyentes han ridiculizado el cristianismo, apuntando cuan equivocados estaban Jesús y los discípulos estaban en creer que estaban viviendo en los tiempos finales.

En vez de hacer excusas para nuestro Señor y los discípulos, vamos a creerles. Aceptemos el hecho que sí ellos vivieron en los tiempos finales, y nosotros no.

[*] Bertrand Russell, *Por qué No Soy Cristiano, y Otros Ensayos sobre Religión y Temas Relacionados*, Paul Edwards, editor (New Your: Simon & Schuster, 1957), p. vi.

Resumen

Si giramos nuestra comprensión de los tiempos del fin para ubicarlos en nuestro pasado y no en nuestro futuro, también cambiaremos nuestras expectativas de las condiciones espirituales y morales de la Iglesia y el mundo por venir.

Verás, hay un pasaje bíblico que nos dice que en los postreros días muchos caerán de la fe (I Ti. 4:1; citado abajo). Luego hay otro pasaje que habla sobre el incremento de gente malvada en los últimos tiempos (Judas 1:18; citado abajo). Como los maestros futuristas mantienen que los postreros días están por venir en nuestro futuro, antes del fin del mundo, ellos enseñan de estos dos pasajes bíblicos que el mundo está por ponerse peor y peor, espiritualmente y moralmente.

En la realidad, los escritores de la Biblia no estaban hablando sobre nuestro futuro, sino de los tiempos finales en los que estaban viviendo, lo cual es evidente cuando leemos el contexto en el que ellos escribieron. Pablo escribió a Timoteo lo siguiente:

> *"Pero el Espíritu dice claramente que en los últimos tiempos algunos apostatarán de la fe, prestando atención a espíritus engañadores y a doctrinas de demonios."*
>
> (I Ti. 4:1)

Pablo estaba exhortando a Timoteo que no debía sorprenderse de la maldad alrededor de él, pues ciertamente, el Espíritu Santo le había revelado que tales cosas sucederían en los postreros tiempos – eso es, en sus tiempos.

Judas escribió similarmente en su carta, explicando que la gente malvada que ellos estaban enfrentando debía ser esperada, así como los apóstoles habían advertido sobre la gente malvada que vendría en los últimos tiempos.

"En los últimos tiempos habrá burladores que irán tras sus propias pasiones impías."   (Judas 1:18)

Judas no estaba advirtiendo sobre burladores venideros dos mil años después. En el contexto, se estaba refiriendo a los burladores en su día con los cuales él tenía que lidiar.

Esto tiene sentido perfecto cuando reconocemos la condición espiritual y moral terrible de la gente bajo el gobierno romano durante el primer siglo. La gente judía era conocida por su depravación. El historiador judío Josefo describió las condiciones de su propia gente, eso es, la generación que atestiguó la destrucción de Jerusalén:

> Ni otra ciudad jamás sufrió tal miseria, ni alguna edad jamás engendró una generación más fructífera en maldad que esta, desde el principio del mundo.
>
> (*La Guerra de los Judíos*, 1998: v:x:5)

Agregue a esta imagen las crueles persecuciones que estaban sucediendo, con cristianos siendo torturados y matados por judíos y romanos. También, mucha gente estaba siendo captada por falsos Mesías, profetas, y maestros. Esa fue una generación terriblemente engañada y corrupta.

Si nosotros reconocemos las condiciones espirituales y morales del tiempo, fácilmente podemos entender los dos pasajes del Nuevo Testamento que advierten de los burladores y gente malvada durante los tiempos finales. Cuando estudiamos las referencias de tiempo y contextos de los dos pasajes, no podemos negar que los autores estaban hablando sobre gente malvada activa en el primer siglo.

Esta perspectiva es importante porque desarma a los maestros futuristas quienes mal utilizan estos dos pasajes bíblicos para decir que la maldad se aumentará mientras esperamos el regreso de Cristo Jesús

Resumen

Los maestros preteristas parciales no tienen un punto de vista negativo del futuro o del mundo. Ellos creen que nosotros vivemos en los tiempos nuevos, y que en estos nuevos días la iglesia está siendo levantada a una posición de unidad, madurez, y gloria. Más allá, el reino de Dios continuará creciendo hasta que llene la tierra.*

---

* En algunos contextos, maestros preteristas parciales podrán usar los términos tiempos finales o últimos días para referirse al periodo futuro durante el cual Jesús regresa. Sin embargo, ellos no confunden esa referencia futura con la terminología utilizada en la Biblia para referirse a la transición del primer siglo de lo viejo a lo nuevo.

Conclusión

Este libro podrá dejar algunas preguntas sin contestar en las mentes de los lectores quienes nunca antes han sido expuestos al punto de vista preterista parcial. Te podemos asegurar que hay maneras victoriosas de entender cada uno de los pasajes bíblicos, y hemos enlistado en la bibliografía libros que ofrecen esos puntos de vista.

No nos interesa que entiendas cada pasaje bíblico de la manera que nosotros lo hacemos. De verdad, nosotros estamos conscientes de que muchos maestros eruditos que sostienen el punto de vista preterista parcial explican varios versículos en una manera escasamente diferente de como lo hemos hecho nosotros. Sin embargo, nuestra preocupación primaria es que tú *abraces una perspectiva victoriosa.*

Un punto de vista victorioso te inspirará para planear para el futuro, seguir adelante con valor, invertir en la próxima generación, y creerle a Dios para cosas mayores que aún vendrán. Satanás no se está apoderando de este mundo. Cristo Jesús es Señor, y Él reinará hasta que cada enemigo sea puesto bajo de sus pies.

Bibliografía 1

Estos libros en la lista que sigue han sido utilizados para recoger información para Escatología Victoriosa.

Aquinas, Thomas. *Golden Chain.* New York: Mowbray, 1956.

Athanasius. *On the Incarnation.* Translated and edited by Sister Penelope Lawson, S.C.M.V. New York: Macmillan Publishing Co., 1946.

Augustine. *Confessions.* Translated by Maria Boulding. New York: Vintage Spiritual Classics, 1998.

Bray, John. *Matthew 24 Fulfilled.* Lakeland, FL: John Bray, 1996.

Bray, John. *The Man of Sin of II Thessalonians 2.* Lakeland, FL: John Bray, 1997.

Calvin, John. *Calvin's Commentaries* (1847). Grand Rapids, MI: Baker Book House, 1984.

Calvin, John. *Commentary on a Harmony of the Evangelists, Matthew, Mark, and Luke.* Translated by William Pringle. Grand Rapids, MI: Eerdmans, 1949.

Chilton, David. *Paradise Restored.* Tyler, TX: Dominion Press, 1994.

Coontz, Stephanie. *The Way We Never Were: American Families and the Nostalgia Trap.* New York, NY: Basic Books, 1992.

Currie, David. *Rapture: The End-times Error That Leaves the Bible Behind.* Manchester: Sophia Institute Press, 2003.

D'Emilio, John and Freedman, Estelle. *Intimate Matters: A History of Sexuality in America.* New York, NY: Harper and Row, 1988.

Edwards, Jonathan. *The Works of Jonathan Edwards* (1834). Edited by Edward Hickman. 2 volumes. Edinburgh: Banner of Truth, 1974.

Epiphanius. *The Panarion of St. Ephiphanius of Salamis.* New York: E. J. Brill, 1987.

Eusebius, Pamphilius. *The History of the Church.* London, England: Penguin Press, 1965.

Eusebius, Pamphilius. *The Proof of the Gospel* (c. A.D. 300). Translated by W. J. Ferrar. New York: The Macmillan Co., 1920.

Farrar, Frederick. *The Early Days of Christianity.* New York: AL Burt, 1884.

Gorday, Peter, ed. *Ancient Christian Commentary on Scripture: New Testament IX.* Downers Grove, IL: InterVarsity Press, 2000.

Hagee, John. *Jerusalem Countdown.* Lake Mary, FL: Frontline, 2006.

Hutchins, Robert Maynard, ed. *Great Books of the Western World.* Volume 15, *Tactius' Annuals and Histories.* Chicago, IL: Encyclopaedia Britannica, Inc., 1952.

Josephus, Flavius. *Josephus: The Complete Works.* Translated by William Whiston. Nashville, TN: Thomas Nelson Publishers, 1998.

Kik, J. Marcellus. *An Eschatology of Victory.* Nutley, NJ: Presbyterian and Reformed Publishing Co., 1971.

Latourette, Kenneth Scott. *A History of Christianity,* Vol. 1, New York: Harper and Row, 1975.

Lindsey, Hal. *The Late Great Planet Earth.* Grand Rapids, MI: Zondervan Publishing, 1975.

Mauro, Philip. *The Seventy Weeks and the Great Tribulation.* Clackamas, OR: Emissary Publications, 1921.

Merrill, Dean. *Sinners in the Hands of an Angry Church.* Grand Rapids, MI: Zondervan Publishing, 1997.

Origen. *Origen Against Celsus.* Translated by James Bellamy. London: B. Mills, 1660.

Pike, G. Holden. *The Life and Work of Charles Haddon Spurgeon.* Edinburgh, UK: Funk and Wagnalls Co., 1992.

Roberts, Alexander, and Donaldson, James, eds. *The Ante-Nicene Fathers: Translations of the Writings of the Fathers Down to A.D. 325.* 10 volumes. Grand Rapids, MI: Eerdmans Publishing Co., 1989.

Russell, Bertrand. *Why I Am Not a Christian and Other Essays on Religion and Related Subjects.* New York: Simon & Schuster, 1957.

Simmons, Kurt. *The Consummation of the Ages.* Carlsbad, NM: Bimillennial Preterist Association, 2003.

Simonetti, Manlio, ed. *Ancient Christian Commentary on Scripture: New Testament* Ib. Downers Grove, IL: InterVarsity Press, 2002.

Sproul, R. C. *The Last Days According to Jesus.* Grand Rapids, MI: Baker Books, 1998.

Spurgeon, Charles. *Spurgeon's Popular Exposition of Matthew,* Grand Rapids, MI: Baker Book House, 1979.

Spurgeon, Charles. *The Gospel of the Kingdom.* Pasadena, TX: Pilgrim Publications, 1974.

Tacitus, Cornelis. *Annuals of Imperial Rome.* New York: Penguin Books, 1989.

Van Impe, Jack. *Millennnium: Beginning or End?* Nashville, TN: Word Publishing, 1999.

Varner, Kelley. *Whose Right It Is.* Shippensburg, PA: Destiny Image Publishers, 1995.

Wells, Ronald A. *History Through the Eyes of Faith.* New York, NY: HarperCollins Publishers, 1989.

Wesley, John. *The Works of John Wesley.* Edited by Albert C. Outler. Nashville, TN: Abingdon, 1985.

Bibliografía II

Aunque no apoyamos todo lo que se enseña en todos los siguientes libros (algunos ofreciendo el entendimiento preterista completo y otros la perspectiva preterista parcial), cada autor tiene un toque especial para ampliar su comprensión de la escatología victoriosa.

Bray, John. *Matthew 24 Fulfilled*. Lakeland, FL: John Bray, 1996.

Bray, John. *The Man of Sin of II Thessalonians 2*. Lakeland, FL: John Bray, 1997.

Chilton, David. *Paradise Restored*. Tyler, TX: Dominion Press, 1994.

Chilton, David. *The Days of Vengeance: An Exposition of the Book of Revelation*. Fort Worth, TX: Dominion, 1987.

Currie, David. Rapture: *The End-times Error That Leaves the Bible Behind*. Manchester: Sophia Institute Press, 2003.

DeMar, Gary. *Last Days Madness: Obsession of the Modern Church*. 3rd ed. Atlanta: American Vision, 1997.

Gentry, Kenneth L., Jr. *Before Jerusalem Fell*. Tyler, TX: Institute for Christian Economics, 1989.

Gentry, Kenneth L., Jr. *The Beast of Revelation*. Tyler, TX: Institute for Christian Economics, 1989.

Hamon, Bill. *The Eternal Church*. Point Washington, FL: Christian International Publishers, 1981.

Josephus, Flavius. *Josephus: The Complete Works*. Translated by William Whiston. Nashville, TN: Thomas Nelson Publishers, 1998.

Kik, J. Marcellus. *An Eschatology of Victory*. Nutley, NJ: Presbyterian and Reformed Publishing Co., 1971.

Krupp, Nate. *The Church Triumphant*. Shippensburg, PA: Destiny Image Publishers, 1988.

Ladd, George Eldon. *The Gospel of the Kingdom*. Grand Rapids, MI: Eerdmans Publishing Co., 1959.

Mauro, Philip. *The Seventy Weeks and the Great Tribulation*. Clackamas, OR: Emissary Publications, 1921.

Murray, Iain H. *The Puritan Hope*. Carlisle, PA: Banner of Truth, 1998.

Noe, John. *Shattering the Left Behind Delusion*. Bradford, PA: International Preterist Association, 2000.

Pate, Marvin C., ed. *Four Views on the Book of Revelation*. Grand Rapids MI: Zondervan, 1998.

Simmons, Kurt. *The Consummation of the Ages*. Carlsbad, NM: Bimillennial Preterist Association, 2003.

Sproul, R. C. *The Last Days According to Jesus*. Grand Rapids, MI: Baker Books, 1998.

Varner, Kelley. *Whose Right It Is*. Shippensburg, PA: Destiny Image Publishers, 1995.

Una riqueza de información se puede encontrar en:
http://www.preteristarchive.com
y
http://www.victoriouskingdom.com

**Para conseguir otros libros por
Harold R. Eberle, vaya al sitio de web:**

Worldcast Publishing and Ministries

www.worldcastpublishing.com